Cómo preparar una oposición y aprobarla

Diego Montesinos Ayala

Ediciones
TheFlyingDog.es

Biografía del autor

- Doctor con sobresaliente cum laude en **Expresión corporal y Comunicación interpersonal**.

- **Titulado en Arte Dramático** en la Escuela de Comunicación, Expresión corporal y Psicomotricidad de Barcelona.

- Discípulo de **Pawel Rouba** en mimo pantomima y payaso.

- Poseedor del diploma de suficiencia investigadora en Educación física y con estudios de Pedagogía y Psicología

- Ha sido vicedirector, jefe de estudios y jefe del departamento de la *ESAD de Murcia* y profesor-colaborador de numerosos centros de profesores y recursos de toda España.

- Profesor durante diez años de la Facultad de Educación Física de la Universidad Católica San Antonio de Murcia, impartiendo *Expresión corporal y técnicas expresivas corporales*.

Publicaciones

- Artículos y comunicaciones en congresos internacionales.

- *Unidades didácticas de expresión corporal para bachillerato* (Editorial INDE).

- *La enseñanza de la expresión corporal por el método natural evolutivo, teoría y práctica* (Editorial INDE).

- *Expresión corporal. Teoría, método y práctica* (Editorial Nausícaä).

Además

- Ha dirigido e interpretado numerosos espectáculos de expresión corporal, mimo y pantomima.

- Creador, director e intérprete del programa de televisión *El mundo del profesor Diegopérnico y su perro perico*.

Datos legales y comerciales

Primera edición: agosto de 2017

Depósito legal: MU 884-2017

Nº registro propiedad intelectual: MU-606-2017-08-2017-566

ISBN-10: 846975338X

ISBN-13 : 978-84-697-5338-5

Venta en: *www.aprobaroposiciones.com*, en *Amazon.com,* etc.

Impreso por: *CreateSpace*, una empresa de *Amazon.com*

Equipo

Autor: Diego Montesinos Ayala

Corrección y edición: Alina Petrik y Mariano Montesinos Martínez

Producción: Juana Martínez Ros

Diseño y maquetación: Mariano Montesinos Martínez

Índice

Preámbulo

Antes de iniciar este libro y antes de acceder a la información y a los recursos que en él vas a encontrar, te sugerimos, y tú nos lo agradecerás, que realices inmediatamente los cuestionarios que a continuación se te exponen.

Si realizas estos cuestionarios en este momento, tal y como se te sugiere:

- serás mucho más sincero contigo mismo

- conseguirás aplicar mejor a tu caso concreto los contenidos de este libro

- obtendrás mayores beneficios

En definitiva:

- tendrás muchas más posibilidades de enfrentarte con éxito a la oposición

- tendrás más posibilidades de aprobar

1. Valoración realista de tu situación

1.1. Cuestionario para diagnosticar las propias zonas débiles

(Marca con una X la casilla que se ajusta a tu respuesta correcta)

	Siempre	A menudo	A veces	Rara vez	Nunca
1 Aplazo a menudo la hora de empezar a estudiar					
2 Cuando estoy nervioso me quedo sin voz					
3 Me desanimo creyendo que no voy a aprobar					
4 Siento miedo cuando pienso en los exámenes					
5 Siento deseos de abandonar la oposición					
6 A menudo pienso que no soportaría suspender					
7 Cuando expongo verbalmente parece que sé menos de lo que en realidad sé					
8 El miedo al fracaso me inmoviliza					
9 Cuando expongo presencialmente siento que mi cuerpo y mis gestos me traicionan					
10 Creo que cuando me ven piensan que tengo pocos conocimientos					
11 Al verme la gente no me atribuye seguridad ni energía					
12 Cuando me imagino ante el tribunal no sé qué hacer					
13 Siento desgana de ponerme a estudiar y siempre lo pospongo					
14 Suma el nº de X de cada columna	=	=	=	=	=
15 Multiplica el sumando de cada columna por el que tengo puesto en ella	Nº x 5	Nº x 4	Nº x 3	Nº x 2	Nº x 1
16 Resultado de cada columna	=	=	=	=	=
17 Suma todas las columnas	=				

Interpretación del cuestionario

Si tu suma final es menos de 20:

Te felicito. Controlas bien tus emociones y estás en muy buena disposición y situación de abordar el trabajo con un gran camino recorrido.

Incorporarás rápidamente y con facilidad los recursos y sugerencias de este libro. Le sacarás un gran rendimiento.

Si tu suma se encuentra entre 25 y 30:

Estás en una franja muy peligrosa. Dependes mucho de tus emociones, tienes muy poca seguridad en tus recursos. Posiblemente eres consciente de que tienes que mejorar tus recursos.

Te sugerimos que te pongas a trabajar ya, sin perder más tiempo.

Si tienes más de 30 puntos:

Tienes un verdadero problema. Si no tomas en serio este libro con disciplina y sistemas de trabajo es muy probable que tus resultados no sean positivos.

Las zonas débiles. Qué significan y cómo corregirlas

Cada uno de los ítems del cuestionario evalúa un tipo de dificultad de las que depende aprobar o no una oposición.

A lo largo de este libro encontrarás soluciones concretas y ejercicios prácticos para cada uno de los problemas que se detectan en este cuestionario.

Este cuestionario te ha servido para saber cuál es tu estado real ante la oposición y cuáles son tus zonas más débiles, que son las que has de trabajar con mayor ahínco y dedicación.

1.2. ¿Qué tiempo falta para la fecha de tu oposición?

Rodea con una circunferencia el tiempo que te falta para tu oposición.

¿Cuál es tu situación?

9 meses
8 meses
7 meses
6 meses
5 meses
4 meses
3 meses
2 meses
1 mes

En la siguiente gráfica señala sobre el eje vertical la puntuación obtenida en el cuestionario **cómo me siento ante la oposición**, y en el horizontal **los meses que faltan para la misma**.

Desde el punto señalado en el eje vertical dibuja una línea paralela al eje horizontal. Desde el punto señalado en el eje horizontal dibuja una línea paralela al eje vertical.

El punto en el que se cruzan ambas línea únelo con un vector al punto cero. Este vector representa tu situación en términos de dificultad y de urgencia.

Urgencia

Cuanto más largo y vertical sea el vector, más grave es tu situación y más necesitas de este libro.

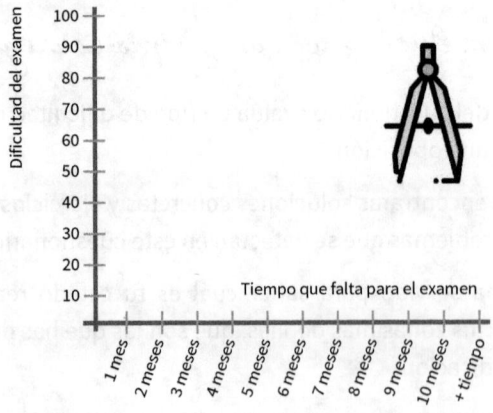

16

1.3. ¿Cuánto es necesario saber para aprobar una oposición?

Ésta es una vieja, muy vieja cuestión entre los estudiantes de oposiciones.En principio piensan que es necesario o mejor muy conveniente saber todo el temario, para poder aprobar una oposición.

También podemos encontrar a gente que se presenta a la oposición sin saberse ni mucho menos el temario. Estos son los que dicen: "Voy a probar suerte". Y eso es lo les hace depender de la suerte, malgastar su tiempo, esfuerzo, dinero y posibilidades, en definitiva, oportunidades, vida y, en consecuencia, suspender, fracasar.

Lo más extraño es que algunos de estos sujetos aprueben, quizás en ello incidan otras circunstancias, como relaciones, suerte, etc.; por lo que en todos esos casos no podemos hacer nada, no existe un método para controlar la suerte ni las influencias, vamos a ser realistas.

La pregunta que te formulamos en este momento es: ¿Conoces a alguien que haya aprobado la oposición sin saberse todo el temario? Piensa en él o ellos y escribe aquí su nombre, ya que vamos a reflexionar a menudo sobre él y sus circunstancias. Y ¿tú mismo/a te has presentado alguna vez a las oposiciones, sin aprobarlas?

Lo que te pedimos a continuación es que expreses, sombreando en el siguiente diagrama, lo que tú entiendes que puede ser más o menos el nivel de conocimientos con el que las otras personas que conociste y tú llegaste a la oposición.

Grado de conocimientos	Aprobaron				Suspenso
100 %					
75 %					
50 %					
25 %					
	Persona 1	Persona 2	Persona 3	Persona 4	Tú mismo

Es posible que el resultado de la gráfica anterior te sorprenda sobremanera. Esperamos que no te desilusiones, sino que el análisis que vamos a hacer de lo que ha surgido del cuadro anterior te lleve a encontrar una nueva forma de afrontar el trabajo y la preparación de la oposición, ayudado con un nuevo descubrimiento que va a constituir una poderosa herramienta en tus manos y que sin duda hasta este momento o no la utilizabas o te faltaba.

Es posible que hayas observado que personas con unos niveles de conocimiento equivalentes a los tuyos SÍ hayan aprobado la oposición. Es posible incluso que hayas observado que personas que en su mayoría se encuentran en la franja del 75 % al 50 % SÍ hayan aprobado la oposición.

Pero la pregunta que debemos hacernos ahora es: ¿estas personas tenían además de los conocimientos alguna otra destreza? Y en caso de tenerlas, ¿cuál era esa destreza?, ¿en qué consistía? Y si esa destreza le ha mejorado el rendimiento y el resultado, ¿es posible aprender, dominar, usar en beneficio propio esa destreza especial que hace que se obtengan los resultados, aún por encima de la posesión de los conocimientos?

Podemos a continuación obtener algunas conclusiones.

 Hay personas que saben el cien por cien y no aprueban: los conocimientos no son el todo. Pero tampoco es la suerte.

Efectivamente hay personas que dominan el temario de su oposición en el cien por cien y, sin embargo, no aprueban. ¿Qué ocurre en estos casos? ¿A qué se debe esta mala respuesta?

En estos casos no podemos decir que la causa del mal rendimiento sea la suerte, ya que dominar el temario en un cien por cien significa que el opositor sabe y domina todos los temas y todos los domina a un buen nivel, luego no hay ningún tema que no se domine y el resultado no está sujeto al azar. No ha podido darse el caso de que le salgan temas que no domine o que le hayan salido algunos temas que el opositor domine muy poco. Éste caso no es posible si asumimos que dominar el temario signifique dominarlo al cien por cien.

Si el temario no ha intervenido, si la suerte no ha sido la culpable de los resultados, en donde debemos buscar la causa de este desastre, por ejemplo, podría ser la explicación que **el resto de los opositores tenían un gran enchufe.**

Esto podría ser, pero nos atrevemos a afirmar que esta situación explique siquiera un diez por ciento de los casos que se dan de esta naturaleza, y solo se daría en contadas situaciones, y en aquellas oposiciones muy específicas a organismos muy concretos.

Por lo que nos atrevemos a afirmar, sin temor a equivocarnos, que en la inmensa mayoría, casi absoluta, de los casos son otras las causas.

La causa también podría ser que **el tribunal ha tomado manía al opositor.**

Podría ser, pero considerando que los tribunales por lo general, están compuestos por más de una persona, ésta también sería una explicación muy poco probable, anecdótica y, en consecuencia, muy poco extendida y que no nos interesa.

Importante

Nosotros nos inclinamos más por la afirmación de que es el opositor es el que no sabe comunicar adecuadamente y en toda su extensión todos sus conocimientos. O que el opositor se bloquea emocionalmente, por lo que no sabe exponer sus conocimientos y destrezas y hacer pensar al tribunal que es el opositor ideal. O que el opositor no encuentra su actitud adecuada, se enfrenta al tribunal inadecuadamente, etc. O que el opositor no consigue crear en el tribunal corrientes de empatía y simpatía hacia él mismo que hagan que el tribunal se incline a elegirlo a él, antes que al resto de opositores.

Todas estas situaciones, efectivamente, son muy posibles, y desgraciadamente muy frecuentes, ya que solo dependen del opositor, y éste está sometido a una gran carga emocional que le estresa y le amenaza, creándole niveles altos de ansiedad que sin duda pueden provocarle estos bloqueos, confusiones y actitudes inadecuadas. O incluso cuando su personalidad aflora de forma especial en estos momentos de tensión traicionándole y llevándole al fracaso, al suspenso.

Hemos dicho que estos estados de ánimo dependen solo del opositor, es muy importante que dependan solo del opositor, al ser así, al no depender de otro, está en la mano del opositor trabajar, entrenarse y, en consecuencia, modificarlas y triunfar. Si esto dependiera de otro, como los enchufes, etc., sería más difícil actuar sobre ellas para modificarlas.

En estos casos sería evidente que preparar a este opositor no pasa por mejorar su nivel de conocimientos, que ya los tiene a un nivel 100, sino que la solución pasa por:

Mejorar su control de la situación
Enseñar al opositor a controlar sus emociones
Acostumbrándose al estrés
Reducir los niveles de ansiedad hasta límites controlables y soportables
Conectar con el tribunal
Comunicar adecuadamente sus conocimientos
Presentarse como el opositor ideal
Favorecer en el tribunal la decisión de elegirlo a él

Y si no es un problema de ansiedad, de personalidad o de estrés, lo que bloquea al opositor, puede ser la mala comunicación, pues se trata de un problema muy frecuente. En esta situación el opositor se comunica tan mal que solo transmite al tribunal muy pocos de los conocimientos que realmente posee y sí transmite gran parte de su ansiedad y miedo que el tribunal interpreta como que no sabe y que es poseído por un gran nivel de inseguridad e inmadurez.

En estos casos es evidente que preparar a estos opositores pasa por: **Enseñarles a comunicarse adecuada y eficazmente.**

Nos formulamos la siguiente cuestión: **¿se puede aprobar sin saber nada o muy poco (el factor de la suerte)?** Evidentemente NO.

Este libro no está dedicado a la brujería, ni a los milagros; con todos nuestros respetos para los brujos. Por lo que si alguien te va a enseñar la forma de aprobar sin saber, nosotros personalmente creemos que es imposible o cuanto menos es ilegal y deshonesto.

No nos engañemos. Es necesario tener unos conocimientos mínimos y mejor suficientes, y que estos conocimientos tengan unas características que les hagan ser conocimientos de calidad.

Esta idea de **conocimientos de calidad** se expone más delante de forma más amplia, ya que es uno de los conceptos esenciales de nuestro método de trabajo.

Si buscamos unos conocimientos de calidad, donde es más importante el tipo y naturaleza de los conocimientos que la cantidad de los mismos, cabe preguntarnos en este momento: **¿cuánto es necesario saber para aprobar?**

No existe un nivel único y fijo. En lugar en hablar de la cantidad de los conocimientos, tendríamos que hablar de **la calidad de los conocimientos.**

Pero no obstante, con independencia de la calidad de los conocimientos, sí podemos afirmar que debe existir un número mínimo de conocimientos para poder abordar una oposición con razonables expectativas de éxito.

Desde nuestro punto de vista, este mínimo ha de estar en torno al 75 %. Evidentemente la afirmación de poseer un mínimo del 75 % de los conocimientos no se refiere a saber muy bien el 75 % de los temas y desconocer absolutamente el 25 % de los temas restantes. Lo que es lo mismo saberse de cien 75 temas y de los veinticinco restantes no saber nada. Evidentemente no nos estamos refiriendo a esto, ya que este trabajo y sus resultados dependerían del azar, de que te preguntaran por lo temas que te sabes y no te preguntaran sobre aquellos que no sabes, este trabajo y su esfuerzo serían el resultado de una mala planificación y de una errónea concepción de la preparación del opositor, así como una mala calidad del trabajo realizado.

En este caso estaríamos hablando de una forma estadística de suerte. Y nosotros afirmamos que a la suerte, en este método, le dejamos unas parcelas muy bajas de participación.

Importante

Tener un mínimo del 75 % de los conocimientos significa conocer todos y cada uno de los temas al 75 % y que este 75 % sea de calidad, es decir, esté formado por las ideas esenciales, la concepción global del tema, sus partes más importantes, etc.; saber el setentaicinco por ciento del todo el temario, teniendo ideas generales, las ideas que se repiten, principios esenciales, teniendo suficientes conocimientos de todos los temas, dominar la estructura con la que están construidos los temas y tener capacidad de poderlos reconstruir; conocer a los autores esenciales y tener ideas generatrices sobre su teoría y los temas y principios fundamentales; saber interrelacionar los conceptos y derivar de ellos los conceptos de aplicación de la materia. El porcentaje de menos conocimiento, sin que eso afectara al resultado de la oposición, sería aquellos conocimientos anecdóticos, peculiares, concretos sin trascendencia etc.

¿Es malo saber el cien por cien?

En absoluto. Sobre todo si en ese dominio del 100 % lo hemos hecho con un aprendizaje de calidad y, muy especialmente, si no hemos descuidado:

    - la preparación psicoafectiva del opositor,

    - el entrenamiento del opositor de instrumentos de comunicación.

¿Saber unos temas sí y otros no?

La propuesta nuestra por supuesto no es ésta, sino la que se podría mejor resumir con la afirmación:

Saber sobradamente lo mejor y suficiente de todos los temas de forma racional, deducible e interrelacionada.

Esto es, saber todos y cada uno de los temas a un nivel de un 75 % de sus conocimientos totales. Es decir, conocer todos los temas y todas las preguntas. De esta forma, podemos afirmar que en estas condiciones **sí se sabría el temario**. Por lo que podemos hablar más que de la cantidad de conocimientos, de la calidad de los conocimientos, así que podemos distinguir lo que vamos a llamar:

1.4. Conocimientos de calidad y otros factores determinantes

Los conocimientos pueden ser de no-calidad y de calidad.

Como es de suponer lo que vamos a intentar es poseer un número suficiente de conocimientos que puede ser en torno al 75 % de los conocimientos imprescindibles, pero que estos conocimientos sean de calidad. Es decir, que estos conocimientos tengan unas características que los hacen ser más valiosos y, por lo tanto, obtener de ellos mejores resultados, mejores dividendos.

En la siguiente tabla intentamos resumirte de forma comparada lo que entendemos por conocimientos de calidad y de no-calidad, de forma que entiendas la orientación del trabajo y que sepas orientar toda tu tarea posterior, así como encauzar tu esfuerzo en orden a conseguir estos **conocimientos de calidad** que te aportarán unas mayores posibilidades de rentabilizar tu esfuerzo y, por consiguiente, de auparte al éxito.

Conocimientos de no-calidad	Conocimientos de calidad
Son parciales	Son globales
No relacionados	Están interrelacionados
Elaborados por otros	Están reconstruidos por el sujeto
Se dan sobre los hechos, las cifras	Se dan sobre las ideas
Anecdóticos	Son generales
No se han trabajado internamente	Han sufrido un proceso de inducción-deducción
Se perciben como conocimientos aislados	Integrados en la globalidad
Se olvidan con facilidad	Se retienen fácilmente
Cuesta identificarlos	Se reconocen fácilmente
En ellos predominan los conocimientos memorísticos	Predomina la razón, se deducen conocimientos que forman un todo hilado y consecuente
Los temas se entienden como todos aislados	Todos los temas se perciben relacionados
No se sabe explicar en pocas palabras los temarios	Se intuye la totalidad del temario y se deducen de forma lógica sus partes
El opositor utiliza palabras y razonamientos ajenos que tan solo ha memorizado	Al opositor le resulta fácil explica en pocas palabras sus conocimientos a otros
Se intentan mejorar con la cantidad, pero en realidad, la cantidad no los mejora	Sí pueden sustituir a la cantidad
	El opositor utiliza sus propios razonamientos y palabras de forma que está en situación de reconstruir los temas

El examen de oposición

Lo primero consiste en determinar la importancia que tiene el hecho del examen. El examen de la oposición no es un examen más dentro de todo el proceso de pruebas por las que tiene que pasar un estudiante a lo largo de su vida estudiantil. El examen de una oposición tiene una serie de características que lo cargan de un sentido especial y lo hacen muy diferente a todos los demás.

Es importante conocer y ser consciente de estas características que presenta el examen para saber a qué tipo de prueba nos enfrentamos y de qué naturaleza es el estrés que nos ocasiona y, en consecuencia, qué tipo de medidas especiales hemos de **adoptar**.

Características de una oposición

En el siguiente cuadro podemos ver algunas de sus características esenciales de los exámenes de oposición. Quizá la más importante:

El examen

Es el acto más importante de todo
el proceso de estudio

De él depende el resultado negativo o positivo
de todo el trabajo anterior

Es un acto único.
Irrepetible.

Es el acto más importante de todo el proceso de estudio, en él va a culminar todo el proceso de estudio: largos meses de preparación y de esfuerzos, así como el reconocimiento o no de este esfuerzo y dinero empleado. De él depende el resultado negativo o positivo de todo el trabajo anterior. No importa lo que hayamos estudiado. El que el trabajo haya sido bien o mal realizado, todo estará bien si conseguimos el resultado final de aprobado. El resultado del examen va a dar como válido, como fructuoso, todo el trabajo anterior. O en caso de ser negativo, va a dar como infructuoso, como baldío, como equivocado, todo el trabajo anterior.

De esto deducimos que el acto más importante de todo el proceso, sin duda alguna, ha de ser el examen. Todos los demás elementos van dirigidos y condicionados al examen como pieza única y definitiva que invalida o valida todo el trabajo anterior.

Es un acto único, irrepetible, su condición de ser un acto único, que tan solo se puede realizar una sola vez, lo hace ser un acto mucho más especial. Su condición de irrepetible hace que sobre él y en torno a él se depositen una gran cantidad de ansiedad y miedos como veremos más adelante.

En resumen el examen es:

Único
Irrepetible
De él depende la validez o invalidez de todo el trabajo anterior

Consecuencias

En consecuencia, de todo lo anteriormente expuesto podemos afirmar que el examen de una oposición constituye un elemento de gran trascendencia, que genera en el opositor altas cargas de ansiedad y que es necesario conocer para aprender a controlar adecuadamente.

La ansiedad que genera en el opositor el examen se traduce en una necesidad, a veces irracional, de hacerlo bien, de aprobar y, en consecuencia, de querer de antemano tener el resultado positivo.

Miedo al error

La gran ansiedad a la que nos referíamos está directamente conectada con su necesidad, a veces irracional, de no aceptar el error, de negarse a aceptar la posibilidad de suspender y, en consecuencia, de enfrentarse al examen como una única posibilidad de éxito o derrota.

Lo peor de todo esto son las enormes cargas de ansiedad que se generan en este sentido, que hacen que el opositor en la mayoría de los casos no funcione de manera racional y, en consecuencia, no obtenga todos los beneficios que en condiciones normales podría esperar de su capacidad y de sus conocimientos.

La ansiedad no solo va a ser molesta, sino que va a generar graves y grandes inconvenientes como:

Ausencia de concentración

Cambios de humor repentinos

Desgana

Autoderrota

Pensamientos mágicos e irracionales

Culpabilizaciones, etc.

Y, por último, la aparición de una gran cantidad de fantasmas culpabilizantes que en el momento más inoportuno van a venir a recordarte que no has estudiado lo suficiente, que no debiste salir esas noches, etc.

	Consecuencias		
Está cargado de gran ansiedad	Miedo al error	Necesidad de hacerlo bien	Culpabilizaciones
Merma en los resultados			
Miedo a la inmovilización			
A veces fracaso			

Resumen

Si el examen es el acto más importante de todo el proceso de trabajo, no solo me habré de preparar el proceso de trabajo, el proceso de estudio, aprender y memorizar los temas, sino que muy especialmente y de forma específica y diferenciada, me habré de preparar el momento del examen, es decir, aprender a demostrar lo que sé, a exhibir mis habilidades, a enseñar mis actitudes y mis capacidades para el trabajo propuesto, dándole a esta preparación la condición que el examen tiene: el examen es el punto culminante y definitorio de todo el proceso de trabajo.

Es imprescindible no estudiar para saber sino estudiar para saber y poder demostrar de forma precisa que es el opositor que más sabe.

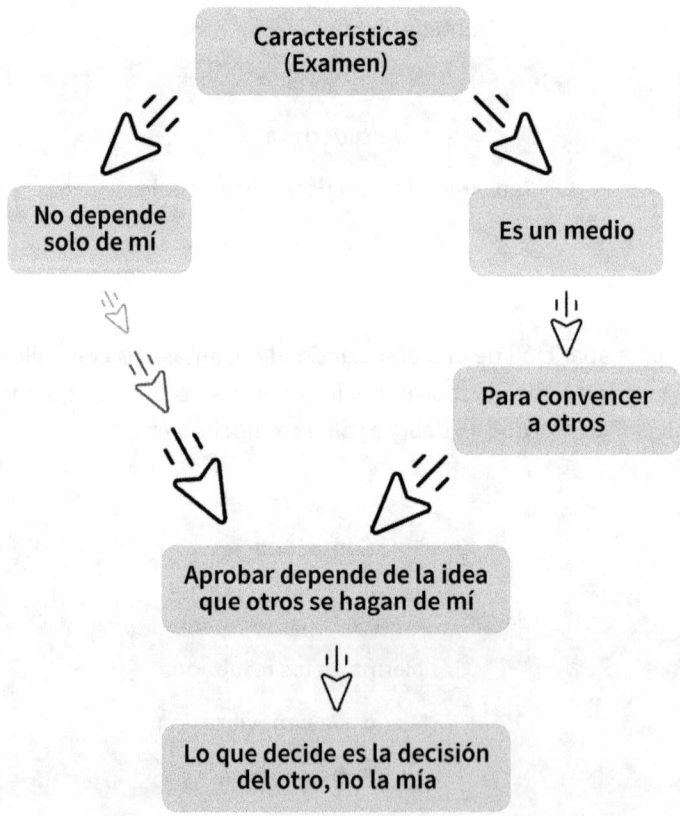

El examen es un medio

No considerar el examen como un medio es uno de los errores más frecuentes de todos los opositores y que a nuestro juicio es la causa de gran cantidad de malas orientaciones y del fracaso en un número grande de casos.

No hemos de perder la cuenta y el sentido de que el examen es el medio que tiene el opositor para demostrarle a otro, al tribunal, que domina los conocimientos y que posee las actitudes que el examinador busca entre los opositores.

Se tiende con mucha frecuencia a considerar el examen como el reto final, como el objetivo, cuando en realidad no lo es. Por tanto, el objetivo es concebir el examen como un medio, el resultado final, aquello para lo que me ha de servir el examen es para convencer al otro, para demostrarle al examinador que yo soy la persona que él busca, que respondo al perfil ideal de opositor en cuanto a conocimientos y habilidades que él busca.

Por lo tanto, reiteramos que **el examen tan solo es un medio, no un fin en sí mismo**. Aprobar o no aprobar depende de la idea que otros se hagan de mí. El examen es tan solo un medio para intentar producir en el tribunal la idea de que yo sé y, por lo tanto, merezco aprobar y eso han de hacer conmigo. Mis conocimientos y habilidades han de estar adquiridas, trabajadas y presentadas, no para demostrar qué es lo que se sabe sino para provocar que el tribunal decida que yo soy quien más sabe por encima del resto de opositores.

Sin embargo, no es el único medio a mi alcance. Pues más adelante hablaremos de otros elementos que influyen en el tribunal y que no son propiamente el examen, aunque intervengan tan poderosamente como éste. Nos estamos refiriendo a todos los aspectos del **lenguaje no verbal**, así como del **paralenguaje**. Elementos a los que este libro dedica una parte importante, dada la gran trascendencia de su influencia en el resultado de la oposición.

Nuestro objetivo no es tanto hacer un examen brillante, sino hacer un examen convincente, esto es, un examen que convenza al tribunal de que yo he de aprobar, convencer por medio del examen al examinador que yo sé y, en consecuencia, que yo he de aprobar.

El examen ha de estar organizado y hecho no con el fin en sí mismo, sino con el objetivo siempre presente de convencer al examinador y de hacerle pensar y decidir que yo he de aprobar.

Desgraciadamente, el opositor no decide si aprueba o no. Decide el tribunal. Luego, todos los esfuerzos han de ir orientados a **convencer al tribunal**. El objetivo del opositor ha de ser no solo estudiar para demostrar, sino para forzar en el tribunal el acto de elegirlo a él, comunicar que es el mejor en todo:

El opositor ideal
El que más a sabe
El que más se aproxima a un trabajador ya con experiencia
Que tiene madurez
Con conocimientos aplicables
Con seguridad
Con control de la situación
Con actitudes profesionales

Todos los esfuerzos hacen referencia a

- Estudiar en función del examen.

- Memorizar en función de los requerimientos que voy a tener en el examen.

- Trabajar con la simulación del tiempo y circunstancias reales que voy a tener en el examen.

- Controlar mis emociones en función de las demandas que voy a necesitar en el momento del examen.

- Controlar mis lenguajes en orden a servirme de ellos en el momento del examen.

- Controlar mis lenguajes en orden a dar de mí la imagen que va a producir en el tribunal la idea de que yo soy la persona indicada para aprobar y así lo han de hacer conmigo.

- Por lo tanto, el examen ha de responder a las demandas del tribunal, no a las mías. Yo he de saber las cosas como el tribunal espera que las sepa, no como a mí me gustaría saberlas.

Lo que decide es la decisión del otro, no la mía

Así es, por lo que el opositor habrá de utilizar todos los medios a su alcance para controlar la decisión del tribunal. Todo el examen y el trabajo en torno al examen han de ir orientados a inclinar a favorecer la decisión del tribunal que me favorezca. Todo ha de ir orientado a forzar en el tribunal la decisión de que me debe aprobar. El objetivo no es tanto demostrar **qué se sabe**, sino demostrar **que se sabe** para hacer decidir al tribunal que me han de aprobar.

¿Quién aprueba?

No aprueba quien más sabe, sino aquel que es capaz de convencer al tribunal de que ha de aprobar:

- Convencer con todos los medios de los que dispone la persona y que la relación que se da en el momento del examen permite.

- Convencer, como veremos más detenidamente, es responder a las expectativas que el tribunal tiene del opositor ideal.

- Convencer es presentar el perfil de aspirante que reúne las circunstancias que a juicio del tribunal son las imprescindibles para ocupar el cargo al que se aspira. Por lo que, como veremos más delante es imprescindible, además, deducir las expectativas que el tribunal tiene respecto a la plaza a la que se aspira.

El perfil ideal

El tribunal espera encontrar en el opositor ideal una serie de cualidades, por lo que es bueno reflexionar y redactar una lista de puntos con los perfiles, que a nuestro juicio puede buscar el tribunal en el opositor ideal. Escribirlos y tenerlos siempre presente, tanto a la hora de trabajar, así como a la hora de estudiar, de presentar el trabajo y de mostrar las cualidades y actitudes que tengo que exhibir ante el tribunal.

Cualidades	Actitudes	Capacidades	Muestra	Concentración	Claves

Cuestiones

- ¿Qué **cualidades** considera el tribunal que ha de poseer el aspirante?

- ¿Qué **actitudes** ha de poseer el opositor para desarrollar de forma eficaz el trabajo al que aspira?

- ¿Qué **capacidades** son imprescindibles para el mejor desempeño de la plaza a la que se aspira?

- Y ¿con qué sistemas **demostrarle al tribunal** que el opositor posee estas cualidades que le hacen ser el candidato idóneo?

- ¿En qué me he de **concentrar**?

- ¿En qué te concentras **a la hora de hacer el examen**?

Señala de entre las respuestas siguientes en qué crees que te debes concentrar en el momento del examen.

Me concentro en:	Señala con una X
En hacerlo rápido	
En hacerlo bien	
En terminar antes que nadie	
En poner la máxima información posible	
En dar la mayor cantidad de datos posible	
En hacerlo mejor que nadie	
(Otras) Escribe cuál…	

1.5. Simulacro de examen

Llegado a este punto nos gustaría saber de forma empírica mediante una prueba en qué te concentras realmente.

Te proponemos hacer la siguiente prueba que puede tener la apariencia de un examen.

No mires el examen antes de empezar a realizarlo. No te engañes a ti mismo. Por lo tanto vas a controlar el tiempo y tendrás una noción un poco más clara de cómo respondes a la presión del tiempo, cuando la escasez de éste se convierte en un elemento fuertemente estresante.

Prepárate, toma un bolígrafo, prepárate un reloj que tenga mecanismos para avisarte una cuenta atrás y prográmalo para que te avise a los tres minutos.

Ponlo en marcha y comienza a realizar el examen.

Vamos a ver si lo consigues.

Examen

Este es un ejercicio que pretende medir tu capacidad de comprensión, el grado de análisis global, así como tu capacidad combativa, de respuesta rápida ante situaciones de estrés y la rapidez de tus reflejos. Dispones de tres minutos y probablemente no consigas concluirlo, no te preocupes, lo importante es que avances en cada punto con seguridad.

¡Empieza!

1. Lee detenidamente y con atención lo escrito hasta el final del folio.

2. Escribe en la parte de arriba del folio tu nombre y tu segundo apellido, procurando que quede centrado a lo ancho de la página.

3. En el extremo superior izquierdo de la página escribe tu fecha de nacimiento.

4. En el extremo superior derecho de la página escribe la carrera que has cursado.

5. En la misma línea y a la izquierda dibuja un círculo y escribe el apellido del actual presidente del gobierno español.

6. En la misma línea y a la derecha dibuja un rectángulo y escribe el nombre de un poeta español.

7. Sombrea las dos figuras anteriores rellenando con tinta el espacio interior de las mismas.

8. En la parte inferior derecha de la página escribe el resultado de la siguiente suma: 1+2+4+6+8+10.

9. Ponte en pie y di tu nombre y tu edad en voz alta, claramente y sin ninguna vergüenza.

10. En la parte inferior derecha de la página dibuja el mapa de España y ubica la localidad en la que has nacido.

11. Considera anuladas las instrucciones recibidas en los puntos 2 a 11 ambos inclusive.

12. Firma al pie de la página en la parte central.

 ¿Cómo te sientes?

¿Quizá te has llevado alguna sorpresa?

La interpretación del examen

Si has respondido todas y cada una de las preguntas, con independencia de que hayas conseguido responder todas o tan solo la mitad, realizando los dibujos, las sumas, etc....muy mal. Te concentras en demostrar lo que sabes, en luchar contra el tiempo y no estás utilizando adecuadamente tus armas, como es la lectura y la capacidad de comprensión. Por tanto no controlas la situación, la situación te controla a ti.

Si por el contrario tan solo has firmado al pie de la página, te felicito, muy bien. Has conservado la tranquilidad, no has sido presa de tu ansiedad, has utilizado tus armas, como son la inteligencia, la comprensión de las situaciones y el control de tus emociones. La situación no te ha controlado, has controlado tú la situación. **Has trabajado no para demostrar lo que sabes sino para convencer al tribunal de que sabes.**

¿En qué me concentro a la hora de realizar un examen?

Como has podido comprobar tiene una gran importancia y graves consecuencias sobre qué aspectos concentrase a la hora de realizar un examen. De ese aspecto van a depender en gran medida los resultados positivos o negativos de la prueba. Como has podido comprobar todas las respuestas del examen anterior estaban a tu alcance sin ninguna dificultad: sabías cómo se llama el actual presidente del gobierno español, sabes sumar, sabes dibujar un círculo, etc.

En caso de que hayas fracasado:

¿Por qué entonces has fracasado?

Te concentras en demostrar qué sabes. Te has concentrado en responder a lo que se esperaba de ti. No nos has convencido de qué sabes, a pesar de que dominas todos los conocimientos y destrezas que el examen demandaba. Pero no has controlado la más importante, responder a lo que el examinador, el tribunal, realmente esperaban de ti.

1.6. En qué me he de concentrar

¿En aprobar o en convencer?

Si me concentro en aprobar	Convencer al otro de que he de aprobar
Conecto más con mi ansiedad	⌄ ⌄ ⌄ ⌄ ⌄ ⌄
Aparece miedo inmovilizante al error	En hacer bien el examen
Tengo la sensación de no controlar	⌄ ⌄ ⌄ ⌄ ⌄ ⌄
Me concentro en acciones que no dependen de mí	Me concentro en el presente
Desatiendo mis verdaderos recursos	Tengo menos ansiedad y miedo
Me concentro en lo que deseo. No en como lo hago	Tengo más garantías de ejecutar más recursos mejor
No me concentro en lo que el tribunal espera de mí	Me concentro en lo que el otro ve y recibe. No lo que yo deseo

2. Preparación
para el examen
de la oposición

2.1. Planteamiento general del trabajo

Ya hemos afirmado repetidas veces que todo el trabajo ha de estar orientado a convencer al otro de que soy el que más sabe, con las mejores actitudes, que doy el perfil ideal de trabajador que busca el tribunal y, en consecuencia, que he de aprobar.

Este es el objetivo, el fin al que han de ir encaminados todos mis trabajos y mi preparación, tanto anterior o lejana, como mediata o de los días anteriores al examen, como la inmediata o de los días inmediatos anteriores a la realización del examen, así como mi trabajo y mi actuación durante los exámenes. Toda mi preparación y mi forma de estudiar, así como de ensayar el examen, ha de ir enfocada en esta dirección y con este fin. Para este fin u objetivo voy a utilizar una serie de recursos que los voy a llamar mis herramientas, como es:

2.1.1. Preparación exhaustiva y racional

La única herramienta posible que he de utilizar se llama la preparación exhaustiva y racional:

- **de mí mismo**

- **de mi trabajo, estudio, conocimientos y destrezas**

- **y el control de las circunstancias presentes y futuras** que van a determinar que yo produzca en el tribunal la idea de que soy quien más sabe y de que, en consecuencia, me han de aprobar

Para esta preparación y muy especialmente para que esta preparación sea la adecuada y responda a la filosofía y estrategia que estamos planteando, me voy a servir de unas herramientas o medios:

Medios

El dominio de los conocimientos adecuados y suficientes. Lo primero, y no nos engañemos, hay que saber, y saber lo suficiente. Y muy especialmente que estos conocimientos sean de calidad.

Todo esto lo hemos descrito en capítulos anteriores y sin duda te ha quedado lo suficientemente claro. Por lo que has de, en primer lugar, obtener unos conocimientos de un mínimo del **75 % del temario**, y que estos conocimientos sean de **calidad**, comunicándoselos adecuadamente, de forma verbal y corporal.

Esos conocimientos a los que nos referimos en el apartado anterior los hemos de comunicar, de transmitir de la forma más precisa para que provoquemos en el tribunal la idea de que sabemos y que, en consecuencia, nos han de aprobar.

Los conocimientos los hemos de transmitir no solo de forma verbal, sino, además, apoyándonos en lenguaje no verbal y en el paralenguaje, que llegado su momento le dedicaremos el suficiente espacio en este libro.

Pero para transmitir y apoyar estos mensajes en los lenguajes verbales y paralenguaje, hemos de entrenarnos en el dominio de estos lenguajes. Y debido a su naturaleza inconsciente y espontánea, para dominarlos, tendremos que crear con ellos nuevos hábitos expresivos.

Y estos hábitos tendremos que repetirlos una y otra vez, en periódicos simulacros de exámenes, de forma que creemos nuevas formas expresivas, mensajes comunicativos no verbales y de paralenguaje que refuercen y produzcan en el tribunal la idea de que yo sé y que, en consecuencia, me han de aprobar.

2.1.2. Controlando mis emociones

Es imprescindible aprender a controlar mis emociones, mis estados de ánimo, mis miedos, así como mis ansiedades; aprender a controlar mi miedo al error, el desánimo; a dar de mí la imagen que más me conviene y que ha de conducir a los otros, al tribunal a ver en mí al opositor ideal que buscan, y todos esos fines los he de conseguir mediante un entrenamiento continuo y sistemático en el manejo de mis herramientas.

2.1.3. Mis herramientas: el control del otro y del tribunal a través de

Si es el tribunal quién decide si yo apruebo o no, si es el tribunal quién valora mis conocimientos, quién decide si éstos están bien o mal, si yo doy o no el perfil del opositor que ellos buscan, para mí va a ser de vital importancia:

Reflexionar sobre quién es y cómo es el tribunal
Su situación
Su estado
Su composición
Y en la medida de lo posible adaptarme a estas características que presenta el tribunal

Así en este importantísimo apartado vamos a trabajar y entrenar sobre los siguientes conceptos:

- Su situación, su estado.

- Sus miedos y necesidades.

- Qué significa para el tribunal la misión que le ha sido asignada. Cómo se siente ante ella.

- Cómo le gusta que el opositor entienda este papel que la ha tocado representar.

- Cómo se siente el tribunal ante el trabajo, ante las largas listas de opositores y la dura tarea que le ha tocado realizar.

- Quién manda en el seno del tribunal. Quién es el líder espontáneo entre los miembros del tribunal.

- A quién de los miembros del tribunal es más interesante que convenzamos con nuestro trabajo. Quién de los miembros del tribunal va a ser mi mejor defensor en los debates en los que el tribunal decida quién sí y quién no ha de aprobar.

2.1.4. Distinguiendo qué perfil de opositor busca el tribunal

Así mismo, es de vital importancia saber qué perfil ideal de opositor busca el tribunal, cómo cree el tribunal que ha ser la persona ideal para desempeñar el trabajo al que se aspira, cómo ha de ser esa persona que busca el tribunal, cómo ha de ser su presencia física, su ropa, sus adornos, cuál ha de ser su talante y su actitud vital, la filosofía que le anima.

Es importante conocer todos estos elementos, de forma que el opositor pueda aproximarse a ellos y entrenarse en presentarse y dar al tribunal de él la idea más próxima posible al perfil ideal que el tribunal cree que ha de tener la persona que desempeñe el trabajo al que se aspira.

El control de mi yo, a través de:

1. Conocimientos de calidad.

Poseyendo los suficientes conocimientos que además sean de calidad, esto es, como ya sabes, que estos conocimientos sean **razonados, interrelacionados y aplicados en la práctica**.

2. El control de mis emociones.

Controlando de forma sistemática y regular mis emociones mediante ejercicios que te planteamos al respecto.

3. La comunicación adecuada:

> **3.1.** El lenguaje no verbal con el control de mis gestos, distancias, actitudes, ademanes, vestuario, etc.

> **3.2.** El paralenguaje con el control sistemático de mi voz y de sus valores musicales, tonos, timbres, silencios, entonaciones, etc.

Con el objeto de que te sea más sencilla la comprensión de todo el proceso de trabajo, sus fines, sus herramientas y sepas cuál es el objetivo último, aquí te presentamos un cuadro resumen de todo lo que te hemos expuesto anteriormente.

Planteamiento general del trabajo

El trabajo que te proponemos obedece al siguiente esquema de trabajo, que posteriormente pasamos a explicarte más detenidamente.

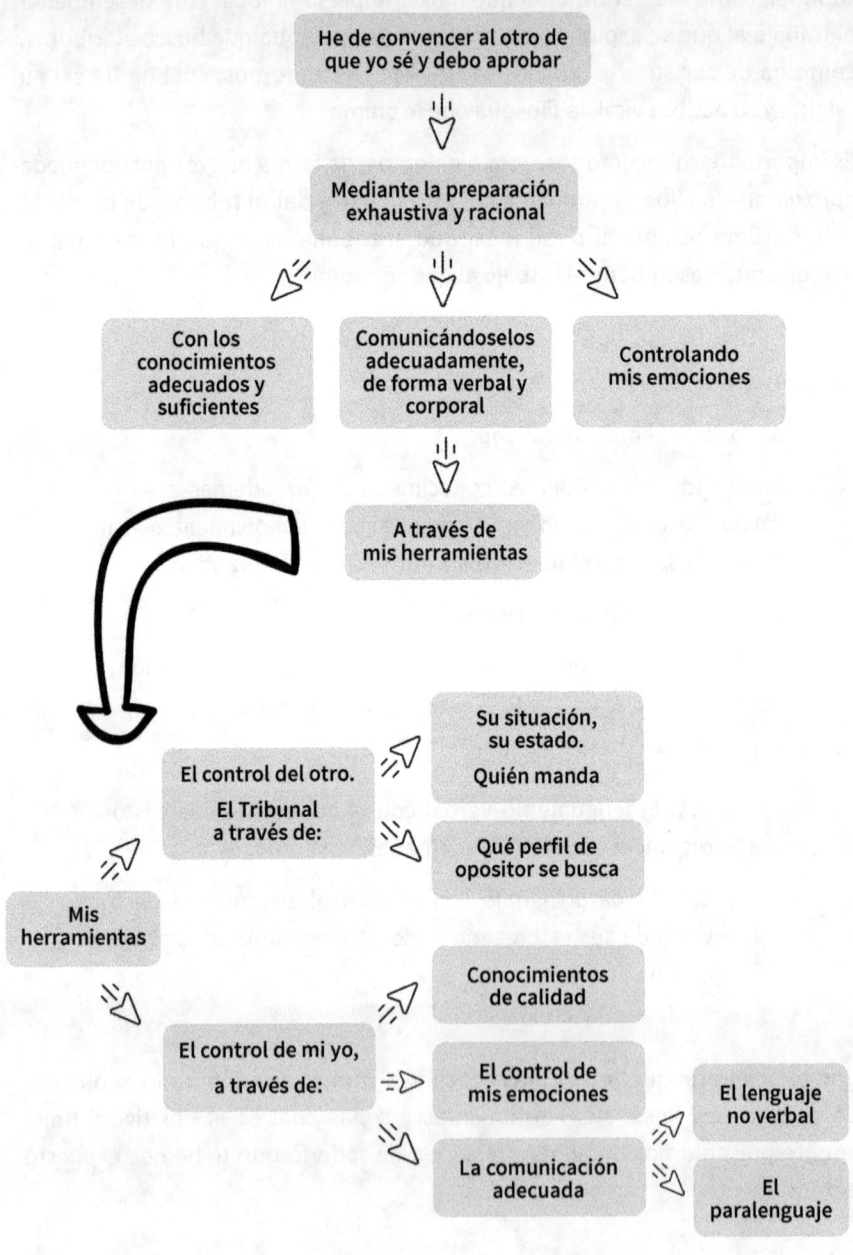

He de convencer al otro de que yo sé y debo aprobar

Mediante la preparación exhaustiva y racional

Con los conocimientos adecuados y suficientes

Comunicándoselos adecuadamente, de forma verbal y corporal

Controlando mis emociones

A través de mis herramientas

El control del otro. El Tribunal a través de:

Su situación, su estado. Quién manda

Qué perfil de opositor se busca

Mis herramientas

El control de mi yo, a través de:

Conocimientos de calidad

El control de mis emociones

La comunicación adecuada

El lenguaje no verbal

El paralenguaje

2.2. Cómo ensayar el momento del examen

Es conveniente en este punto que reflexiones sobre qué situación vas a encontrar en el momento del examen, cuáles van a ser prediciblemente tus emociones, y en qué situación y estado de ánimo te vas a encontrar.

El conocer y anticipar estas circunstancias, sin duda, te va a servir para prepararte ante ellas y de alguna forma acostumbrándote a esta situación, aunque sea de forma simulada, reducir las consecuencias negativas que va a producir en ti esta situación altamente estresante.

2.2.1. Con qué dificultades me voy a encontrar

Las dificultades				
Los nervios	Yo me bloqueo	La timidez	No estoy inspirado	La preparación. No he tenido tiempo. Se me olvidan las cosas

Los nervios

Una fuerte sensación de nervios y de ansiedad: nervios en el estómago, que parece que se agita; nervios en la boca, que parece que no nos va a salir la voz de cuerpo, que nos hace tenerla continuamente seca o muy al contrario llena de saliva y con continuas ganas de esputar, tras cada uno de los esfuerzos para esputar de forma refleja nos produce más y más saliva, en un angustioso círculo vicioso; nervios en la respiración, que se vuelve cada vez más entrecortada, menos profunda y, en consecuencia, insuficiente.

En definitiva nervios que no deseamos, a los que tememos y no aceptamos y su presencia la interpretamos como una muestra de que no controlamos la situación y de que ésta se nos escapa de las manos, lo cual nos provoca mayor ansiedad y, en consecuencia, más nervios. A veces interpretamos que sentir nervios es un anticipo del fracaso o que esto ocurre porque no soy lo suficientemente maduro como para controlar la situación y, en consecuencia, va a ser la situación la que me va a controlar a mí, lo cual me produce más miedo irracional y miedo a la enajenación, al descontrol.

2.2.2. La aceptación de la situación

Quizá hayas oído alguna vez la necesidad de aceptar las situaciones. Quizá hayas oído alguna vez que **lo que produce más miedo es el miedo a sentir miedo,** más que el miedo en sí mismo.

Sentir miedo es natural. Negarse a sentir miedo es contranatural. Creerse incapaz de poder controlar el miedo es antinatural. Exigirse no sentir miedo es absurdo porque es imposible no sentir miedo, de forma que si te exiges no tener miedo, como esto es imposible, este sentimiento, esta intención, está condenada al fracaso, y cuando aparezca el miedo que aparecerá, lo interpretarás como que has fracasado y que no has sabido controlar, que no has sabido hacer que no aparezca, en lugar de pensar que te estás exigiendo un imposible, como es no sentir miedo.

Lo que te has de pedir es sentir el menor miedo posible, es aceptar el miedo, cuando el miedo se acepta, también se acepta la posibilidad de superarlo. Cuando el miedo se acepta se consigue que solo se sufra por el miedo y no por todas aquellas autoexigencias que he aprendido y que me aportan un mayor dolor y fracaso, llevándome a una situación de descontrol y enajenación.

Estas autoexigencias son:

Si estuviera preparado no sentiría miedo

Si fuera maduro sería capaz de controlar mi miedo

Si tengo miedo es porque voy a suspender

Un hombre o una mujer de mi formación y edad no debería sentir miedo

Si tengo miedo es porque no valgo

Quién me va a querer si tengo miedo y eso es vergonzoso

Soy incapaz de controlar el miedo y, en consecuencia, mis respuestas

No tengo control sobre mí

Me dejo llorar o reír histéricamente

En consecuencia, es necesario aceptar el miedo para quedarnos solo en el sufrimiento que este produce, quizás un 20 % y no subir el ochenta por ciento que suponen todos los pensamientos irracionales y autoexigentes que he aprendido sobre sentir miedo.

Se trata de **acostumbrarte al miedo, de entrenarte en él** y reconocerte la capacidad de enfrentarte a él, es decir, de superarlo. Y ante todo y sobre todo, utilizar la parte positiva de tu miedo, transformarlo en un instrumento que sea útil en tus manos, que no sea autodestructivo e inmovilizante.

A raíz de todo esto de lo que te estamos hablando, queremos contarte una pequeña anécdota:

Hace unos años, el ejército americano, ya sabes que es uno de los más sofisticados del mundo, consciente de lo doloroso que resulta para los soldados entrar en combate y el terrible miedo que les supone, inventaron un medicamento que llamaron la píldora del valor.

Esta píldora del valor era capaz de tranquilizar a los soldados antes del combate, de mantenerlos tranquilos y serenos, sin mermar sus estados de alerta y su capacidad de respuesta, por lo que suponía que evitaba las consecuencias negativas del miedo sin restar las consecuencias positivas.

La anunciaron como un arma de un valor incalculable, capaz de liberar a sus soldados del tremendo malestar que suponía vivir el miedo, así como de la mejora de su capacidad ofensiva que cabría suponerles a esos soldados y a ese ejército, una vez liberados del miedo y de la angustia y errores que éste producía.

Todos los no profesionales de la guerra, los que nunca habían estado en combate, vieron en la píldora del miedo un instrumento maravilloso y muy útil, la panacea de las armas bélicas, contar con soldados despiertos que van al combate alegres, sin miedo…

Pero fueron todos los soldados profesionales, los que habían combatido muchas veces, los que habían sentido el miedo de las trincheras y el zumbido de las balas, así como la muerte en torno a ellos, los que se opusieron enérgicamente en contra de esta píldora del valor.

No es que quisieran voluntariamente pasar miedo. No es que se tratara de un ejército profesional de neuróticos y tampoco es que al profesionalizarse un soldado se acostumbra al olor a muerte y se vuelve masoquista. No.

Decían que la píldora del miedo era mucho más peligrosa que las balas del enemigo. Decían que un buen soldado necesita tener miedo. Decían que lo que hacía sobrevivir a un soldado era su miedo. Un soldado sin miedo era un soldado muerto. El miedo es lo que le hace ser cauto, conservador, combativo e inteligente, y ese soldado tenía que acostumbrarse al miedo, sacar su valor, ser capaz de superarlo. El miedo, junto con la preparación, disposición, entrenamiento y el valor es lo que le hacen sobrevivir. El miedo bien canalizado y utilizado, sin pensamientos automáticos que lo agraven, es un potente aliado.

Herramientas para combatir el miedo

Acostúmbrate mediante ensayos periódicos de:

Relajación
Concentración
Preparación y entrenamiento
Aceptación del fracaso
Ser consciente de las armas propias y utilizarlas adecuadamente
Superar el bloqueo
Superar la timidez
Preparación mediante la disposición de recursos para evitar los momentos de no inspiración
Programación, trabajo con agenda, planificación. No al no he tenido tiempo

La respuesta

2.3. En qué consiste preparar una oposición en la actualidad

Hoy en día es mucho más difícil aprobar una oposición que hace algunos años. Todo el mundo que esté preparando oposiciones en la actualidad o se haya presentado recientemente estará de acuerdo con la frase anterior, sin ningún tipo de duda.

Hace unos años las oposiciones eran mucho más fáciles, debido a que

- Se ofertaban más plazas para cada uno de los tribunales, ya que las necesidades sociales que tenía que cubrir el Estado no se habían cubierto al cien por cien.

- Se presentaba un número menor de opositores, en consecuencia a que había un número menor de estudiantes, de personas que tenían acceso a los estudios.

- La preparación de los opositores era muy inferior a la actual, debido a que existían un menor número de academias de preparación de oposiciones, con peor calidad y solo estaban situadas en los grandes núcleos de población.

En la actualidad este panorama ha cambiado profundamente

- Las demandas sociales están en su gran mayoría cubiertas, por lo que las plazas que se ofrecen son muy pocas. En la actualidad un tribunal de oposiciones al cuerpo de maestros o de profesores de instituto apenas cuenta con dos plazas para cubrir, mientras que cuenta con ciento cincuenta opositores.

- En la actualidad existe un mayor número de opositores, dado el mayor nivel de calidad de vida y, en consecuencia, el acceso mayoritario de la población a los estudios.

- Los opositores en la actualidad están mucho mejor formados, existe un gran número de academias, con un mejor nivel y en muchas localidades, así como buenos medios de transporte y carreteras que permiten que cualquier opositor tenga acceso a una buena formación.

- Los opositores tardan varios años en preparar su oposición, con sucesivos intentos, lo que incide en una excelente preparación y mayor experiencia.

Por lo que podemos concluir que el panorama actual presenta las siguientes características:

- Un tribunal cuenta con una media de dos plazas para cubrir, por lo que hay menos plazas.

- Un tribunal tiene unos ciento cincuenta opositores, lo que se traduce en un mayor número de opositores.

- De estos opositores como mínimo cien se saben el temario suficientemente para aprobar, lo que se traduce en opositores bien preparados.

- De éstos, por los menos setenta y cinco se saben el temario excelentemente, traduciéndose en un alta número de opositores excelentemente preparados.

Por lo que en la actualidad para aprobar una oposición no basta con saberse el temario, ya que como mínimo hay setenta y cinco opositores que lo dominan. En la actualidad es imprescindible marcar una pequeña diferencia, a nivel comunicativo, expresivo y empático, que te haga destacar entre los setenta y cinco opositores que se saben excelentemente bien el temario.

Es imprescindible conseguir que el tribunal te distinga a ti de entre los setenta y cinco, es absolutamente necesario separarse, destacarse del resto y marcar diferencias de calidad a tu favor.

2.4. Cómo marcar la diferencia entre opositores para que el tribunal se fije más en mí

Esta diferencia no se puede marcar por el estudio, por el conocimiento, ya que es lo que todos los opositores pretenden y hacen, todos saben el temario y algunos han ampliado los temas y además no se cuenta con tiempo suficiente para exponer toda la materia que incluye y mucho menos todas la que algunos opositores han sido capaces de ampliar.

La diferencia se va a dar:

- ofreciendo al tribunal la imagen que éste espera que ha de tener el opositor ideal que ocupe la plaza;

- convencer al tribunal de que eres el aspirante ideal;

- favorecer que el tribunal decida que eres tú quien ha de aprobar con plaza la oposición.

El objetivo no es demostrar que se sabe, sino convencer, llevar al ánimo del tribunal:

- el convencimiento de que se eres el aspirante ideal,

- posees los mejores conocimientos,

- alcanzas la mayor madurez,

- encarnas las actitudes precisas y

- actúas desde la mejor disposición al trabajo.

 **El objetivo es convencer**

2.5. Ventajas e inconvenientes de la preparación a través de una academia

La preparación de la oposición a través de una academia tiene sus ventajas e inconvenientes como todas las actividades que uno se pueda plantear.

Entre las ventajas podemos señalar

- El opositor cuenta con profesores de experiencia que le ayudan en su preparación.

- El opositor se obliga en la preparación de los temas.

- Se motiva con el trabajo de otros compañeros, haciendo menos aburrida la tarea.

- Cuenta con ayudas específicas tales como clases, ejemplos, exposiciones, etc.

Entre los inconvenientes cabe resaltar

- El opositor recibe una formación común a todos los demás opositores.

- Todos trabajan con los mismos temas, las mismas explicaciones, los mismos ejemplos, exponiéndose el opositor a los siguientes riesgos:

Inconvenientes de las academias

- Que el tribunal lo compare con otros opositores que han actuado antes que él.

- En el caso de que todos los opositores tengan que exponer el mismo tema, si otros lo han expuesto antes, el tribunal ha adquirido grandes conocimientos sobre el tema.

- Que el tribunal identifique por las manifestaciones del opositor los ejemplos que utiliza, etc., la academia de la que éste procede, concluyendo que todos han recibido una preparación estandarizada y que los resultados que muestra el opositor no son fruto de su madurez en los conocimientos, sino el resultado de un entrenamiento y de la pericia de los profesores que le han elaborado los temas.

Todo esto se puede traducir en que el tribunal pierda el interés por la exposición del opositor, ya que puede anticipar todo lo que éste le puede decir, por lo que deja de prestarle atención y, en consecuencia, lo califica anticipadamente de forma negativa, no prestándole atención y comparándolo desfavorablemente con otros opositores más brillantes.

Conclusión

Por lo que nuestra sugerencia es que el opositor ha de recibir la ayuda que crea necesaria y que ha de buscar. Esta ayuda puede ser la de una academia, siempre que nos hayamos asesorado previamente y reúna a juicio de personas de solvencia, calidad en sus profesores, rigor en su proceso de enseñanza, así como un número razonable, no excesivo, de alumnos por clase, de forma que el aprovechamiento sea el óptimo.

Pero además de recibir esa ayuda, el opositor tendrá una gran cantidad de trabajo personal de mayor importancia que el de la academia y que es el que se contiene en este libro. Este tipo de trabajo, de preparación y entrenamiento no es realizado por las academias ya que:

- No son sus objetivos.

- No cuentan con profesores especializados en alguna de las áreas que trabaja este libro, como son el **lenguaje no verbal** o el **paralenguaje**.

- No pueden profundizar a este nivel de detalles como lo haría un preparador particular, que es en lo que se ha de convertir el opositor para sí mismo, tarea que puede conseguir siguiendo las instrucciones que se exponen en este libro.

Objetivos del opositor

Los objetivos y destrezas que ha de adquirir el opositor, que no se facilitan en las academias y que exponemos en este libro son:

Aprender a estudiar

Aprender a **programar** su trabajo

Aprender a **personalizar** los temas, adaptándolos a sí mismo

Aprender a **diferenciarse** del resto de opositores

Captar la atención

Resaltar y servirse de sus **cualidades** positivas

Aprender a **conocer al tribunal**

Adaptarse al tribunal

Personalizar su exposición

En definitiva, el opositor ha de personalizar, individualizar su trabajo, dándole tintes de originalidad, así como servirse de técnicas de lenguaje no verbal, de paralenguaje y de comunicación que le permitan empatizar con el tribunal y lograr llevar a éste al convencimiento de que es el opositor ideal, con los mejores conocimientos y las más adecuadas actitudes y madurez y, en consecuencia, ha de aprobar la oposición.

2.6. Cómo confeccionar el horario semanal de estudio y trabajo

A la hora de hacer posibles los planes de estudio y, sobre todo, de tomar una actitud seria ante la oposición, de forma que hagamos todo lo que depende de nosotros, dejando al azar la menor parcela posible, es imprescindible que dediquemos un tiempo a diseñar un horario semanal de trabajo que posibilite la realización de nuestros planteamientos. De no ser así, todo quedará en meros propósitos, que para lo único que servirán será para engañarnos y poder justificar nuestra falta de trabajo bajo el engaño que suponen frases del tipo: "he tenido mala suerte" o "es que los demás opositores tenían un gran enchufe", etc.

Características de un buen horario de trabajo y estudio

Un horario semanal para que sea eficaz y útil ha de tener varias características, a saber:

1. Suficiente y proporcionado

Que el número de horas diarias que destinamos y reservamos al estudio sea el adecuado para la realización de los planes de estudio que nos hemos fijado.

2. Posible y realista

Que respetemos nuestra condición humana y no nos exijamos lo imposible. Que sea factible realizarlo. Que tenga en cuenta nuestras obligaciones laborales, que son evidentes, al igual que las afectivas y familiares, menos evidentes pero de un gran valor. Las obligaciones familiares o afectivas tienen una gran importancia y se han de tener en cuenta, ya que de no cumplirlas suficientemente, pueden convertirse en una bomba de profundidad para nuestro equilibrio emocional. El incumplimiento de estas obligaciones afectivas o familiares se puede traducir con facilidad en fuertes sentimientos de culpa y llevarnos a un angustioso sentimiento de malestar que nos va a impedir concentrarnos en la oposición y nos va a hacer dudar de nuestras posibilidades o de nuestro derecho a aspirar a aprobar.

Pensemos en los opositores con hijos o con pareja, si pretenden una no-dedicación, una supresión del tiempo a los hijos y a la pareja puede ocurrir lo citado arriba.

Para esto es importante:

Razonarse uno así mismo el tiempo que va a dedicar a cada actividad: estudio, hijos, parejas, amigos, etc.

Hablarlo con los implicados, hijos, pareja, etc.

Explicarles a los implicados lo importante que es la oposición para nosotros

Exponerles nuestro amor y que éste no depende del tiempo, sino de la calidad del mismo

Pactar con éstos un tiempo de dedicación y una calidad de la misma

Cumplir el tiempo de dedicación a hijos, parejas, etc., tengamos o no tiempo o ganas

Intentar implicar a los hijos, parejas, etc. en nuestro trabajo de oposición, de forma que no se sientan marginados y al tiempo aprendan a valorar la importancia y dificultad del trabajo que estamos realizando

3. Concreto

Significa que se fije con exactitud lo que se va a hacer de forma que se conozca y se sepa lo que se ha de realizar y si se realiza o no.

Solo lo que es concreto es evaluable y, por lo tanto, modificable. Para esto un programa ha de incluir:

Día	Hora	Lugar	Tarea y tiempo cronometrado, es decir, determinar qué voy a hacer y en cuánto tiempo lo voy a hacer

4. Evaluable

Que podamos comprobar diariamente su cumplimiento y, de esta forma, detectar cuáles son los errores de este plan y, en consecuencia, tomar medidas correctoras que permitan su realización.

Así podremos descubrir si nuestros fallos se producen siempre el mismo día, con relación a la misma persona, por la misma causa, detectar los problemas y fallos, diagnosticarlos y tomar medidas que los corrijan.

Y así podríamos cambiar la sesión de estudio a otra hora, si es el caso. Colocar en el día con más frecuencia de errores, el día libre o de recuperación. Hablar la circunstancia con la persona en concreto. Comunicarle a las personas en concreto mi deseo de no atenderlas en los tiempos de estudio. Tomar medidas correctoras como descolgar el teléfono, etc.

5. Diagnosticable y modificable

Es una consecuencia de la afirmación anterior. Si trabajo de la forma que estamos proponiendo, podré controlar cuándo, cómo, con qué frecuencia y, en consecuencia, descubrir en qué me equivoco, es decir qué es lo que debo cambiar para mejorar.

Por ejemplo si fallo a menudo porque mi amiga Josefina viene los lunes a verme y me aleja del estudio, si siempre son los mismos días, puedo decidir o cambiar mi día libre a éste en que viene Josefina, poniendo el día de estudio el que había planificado como libre, o manifestarle a Josefina mi clara voluntad de estudiar y, en consecuencia, que no puedo recibirla, etc.

O en caso de que no me guste madrugar y, en consecuencia, fallo de forma reiterada, podré posponer el estudio a otra hora más tardía.

6. Que tengas en cuenta el error

Que tengas previsto los posibles incumplimientos que de forma natural se nos van a presentar, ya que no somos máquinas. Así hemos de tener previsto que nos podemos enfermar, que nos pueden surgir compromisos sociales, etc., por lo que me he de programar un día para cubrir los errores, este día puede ser los domingos por la tarde. Si no cumplo por las causas que fueren los programas, es éste el día en que he de recuperar el tiempo perdido. En cambio, si lo cumplo, emplearé el tiempo de ese día como premio de libre disposición, no para el estudio.

7. Recuperable

Por lo que todo plan de estudio ha de contar con un tiempo reservado para la recuperación de aquellos momentos semanales que por las razones arriba expuestas no hemos podido realizar, de manera que si hemos podido cumplir todas las tareas previstas, éste sea un tiempo de libre disposición, que a modo de premio lo destinaríamos a alguna labor que nos sea grata y divertida.

8. Que permita el descanso adecuado

De manera que semanalmente tengamos previstos unos tramos de tiempo razonable para dedicarlo a aquellas actividades que nos gusten y nos diviertan, de forma que eleven nuestra moral y nos hagan más llevadera la dura tarea y, en consecuencia, nos ayuden a mantener un mejor equilibrio mental que nos alentará a enfrentarnos a la oposición con mayor seguridad y optimismo.

9. Factible

Lo que significa que se pueda realizar, que tenga en cuenta:

Mi yo y mis necesidades	Mi familia	Ocios, obligaciones domésticas, etc.

10. Plasmarlo en una plantilla semanal

La plantilla puede ser del tipo siguiente y pensemos en el siguiente supuesto:

Profesora de primaria
Jornada partida
Un hijo pequeño
Solo puede recibir ayuda de la pareja
Se planifica un estudio de cuatro horas diarias

Si mi caso es el anterior deberé construirme un horario semanal de estudio, trabajo y actividades diversas que dé cumplimiento a mis necesidades, a mi realidad y a mi preparación de opositor, determinado día a día, con horas y lugar de trabajo.

11. Publicar esta plantilla

Realizarla sobre una gran cartulina y tenerla en un lugar visible. Hacer partícipe a nuestro entorno de ella. De forma que pasado un tiempo no podamos caer en la tentación de no tener programa y, en consecuencia, no estudiar. Ni tampoco y como producto de lo anterior, una vez que no se tiene programa y ante los sentimientos de culpa que nos genera no haber conseguido nuestros objetivos, desahogar este sentimiento llevando la culpa hacia los demás u otras causas. El saber que es público nos hará estudiar y ser serios en nuestras programaciones.

Pero además de hacer públicos los programas con la finalidad de cumplirlos, hemos de advertir a quien o con quien compartamos el programa o nuestro tiempo, vida, espacio, familia, etc., que no se ha de convertir en nuestro dueño, ni nuestro vigilante, por lo que se le ha de advertir que aunque nos vea que no trabajamos o que se nos pase la hora, que no nos llame la atención, que nosotros ya lo sabemos. El objeto no es darle nuestra vida al compañero, sino adquirir compromiso y responsabilidad ante nosotros y con los demás.

12. Que tenga en cuenta los premios y los castigos

Hablar con la pareja, explicándole lo importante que es
para uno resolver e intentar aprobar

Llegar a un acuerdo con ésta en cuanto a la distribución
del trabajo y de las obligaciones familiares

Elaborar el programa y el horario semanal

Esto es solo un ejemplo de las múltiples variantes que se pueden realizar.

Horas	Lunes	Martes	Miércoles	Jueves	Viernes	Sábado	Domingo
6 a 8	Estudio						
8 a 11						Estudio	
11 a 14	Trabajo						Tiempo de recuperación
14 a 15						Casa	
15 a 17	Hijos						
17 a 19	Familia			Pareja o amigos			
19 a 22	Casa			Ocio			Familia
22 a 24	Estudio						
24 a 2	Tiempo de premio						
2 a 4							
Firmas realización							

2.7. Los métodos de estudio

HERRAMIENTA: es imprescindible estar en posesión de una herramienta que permita el estudio inteligente, obtener el mayor beneficio de las horas de trabajo y el mejor rendimiento de nuestro tiempo y de nuestras neuronas.

MÉTODO: es imprescindible poseer un método de estudio que garantice el cumplimiento del programa, mediante un estudio inteligente y que refuerce todas las características que ha de tener nuestro conocimiento, cualidades y características que expusimos en el capítulo correspondiente.

Existen diversos métodos de estudio y todos ellos sin duda sirven para el cumplimiento de los objetivos que planteamos, pero de todos ellos el más sencillo y eficaz es el que a continuación vamos a exponer de forma detallada en cada una de sus fases.

Este método tiene así mismo la ventaja de que incide en todos los aspectos, de comprensión, relación, organización, economía, repetición, organización y reconocimiento que ha de tener un buen estudio.

2.7.1. El método de estudio. L2SEMR

Éste es el nombre que recibe este método, en este nombre cada una de las siglas representa cada uno da los pasos que hemos de seguir de forma metódica en nuestro estudio. Pasamos a exponer de forma detallada cada uno de estos pasos.

L2	Significa dos lecturas que a partir de este momento llamaremos: **lectura 1 y lectura 2**
S	Significa **subrayado**
E	Significa **esquema**
M	Significa **memorizado** del esquema
R	Significa **recitado** reconstruido de todo el tema ante un tribunal imaginario

Pasamos a exponer de forma detallada cada uno de estos pasos, cómo ha de ser, para qué sirve y los objetivos que se han de cumplir en cada uno de ellos.

Partes del método

Lectura 1

Esta primera lectura que ha de ser todo lo lenta que sea preciso para conseguir comprender el tema en profundidad, en su globalidad y que de ésta se entienda el significado particular de cada una de las partes en las que se divide y organiza. Ha de ser:

- **Lenta.**

- **Con plena concentración.**

- **Comprensiva.** El objetivo es entender la esencia profunda del tema, partes de que consta el temario y qué es lo que aporta a la formación general del opositor.

- **Recubrente.** Esto es, nos hemos de permitir ir hacia delante y hacia atrás en la lectura de forma que nos garanticemos la comprensión profunda de todas las ideas generales del tema y la relación entre las ideas.

- **Relacionante.** Esto significa que nos hemos de permitir la lectura del índice de temas, la consulta de temas ya estudiados, etc., de manera que nos aseguremos la comprensión del tema y su significado en el temario total, qué papel desempeña y qué aporta.

- **Concluyente.** Habremos realizado una buena lectura compresiva y relacionante si al final de la misma podemos resumir en dos o tres líneas el significado esencial del tema y su aportación al temario general.

Una vez realizada esta primera lectura procederemos a un pequeño descanso de unos cinco minutos antes de comenzar con la segunda lectura. Nunca haremos el descanso a mitad de la primera lectura, el descanso siempre se realizará entre uno y otro paso del método de manera que no rompamos la utilidad y el objetivo que queremos alcanzar en esa fase del método.

Lectura 2

 Ésta se realiza sobre la materia que se ha leído un momento antes, por lo que puede ser bastante más rápida. Tiene las siguientes características:

- **Reconocedora.** Reconoce los elementos que se han ido viendo en la lectura anterior.

- **Diferenciadora.** Distingue las partes del tema, sus capítulos y partes de los capítulos.

- **Estructuradora.** Pretende organizar esas partes, darles estructura, sentido lógico.

- **Esencializante.** Esto es, reconoce las ideas esenciales de todo temario y que se van repitiendo en la mayoría de los temas.

- **Esquematizante.** Va traduciendo todos los elementos y palabras que constituyen la estructura aparente del tema de gran complejidad en su estructura interna. El objeto es ir distinguiendo la estructura profunda, el esqueleto del edificio sobre el que se construye la fachada, la estructura superficial o formal del tema.

Estos pasos nos van a permitir pasar al siguiente paso, no sin antes realizar un pequeño descanso de unos diez minutos.

Subrayado

Como su nombre indica se trata de ir subrayando el tema con lo que hemos descubierto en el apartado anterior y que nos sirva para la realización del siguiente paso, es decir, la realización del esquema.

Este subrayado ha de tener unas características que pasamos a exponer:

- **Selectivo.** Se ha de subrayar solo lo que consideremos importante.

- **Esencial.** Se ha de subrayar solo lo que aporta información principal. De nada valdría un subrayado en el que se subraye todo, ya que es imposible que todo sea importante, si se subraya todo significa que no se han hecho unas buenas fases anteriores y, en consecuencia, no se han cumplido los objetivos.

- **Económica.** Se ha de subrayar lo menos posible, aunque sí todo lo importante.

- **Visualmente estructurante.** Esto es, se han de decidir unos códigos visuales que siempre se han de repetir en todos los temas que estudiemos de manera que nos ayude a visualizar de forma rápida la estructura profunda del tema. Es decir, se ha de seguir un modelo parecido al siguiente:

    - Doble recuadro para el título del tema.

    - Recuadro sencillo para cada uno de los grandes apartados en los que se subdivide el tema.

    - Subrayado en rojo para las partes importantes de cada uno de los apartados anteriores.

    - Subrayado de una línea en azul para los apartados de los apartados anteriores.

    - Subrayado a lápiz de las frases o citas de interés.

    - Subrayado ondulado para las definiciones, etc.

De manera que esto nos ha de servir para ir visualmente intuyendo el esquema, la estructura profunda del tema que estamos trabajando.

Se puede decir que dominamos un tema cuando somos capaces de descubrir la estructura del esquema que ha realizado en su mente la persona que ha escrito ese tema.

Esquema

 En este paso se trata de realizar un esquema que recoja de manera esencial y precisa todo el tema, esto es lo que vamos a repasar una y otra vez y lo que vamos a memorizar. La importancia del esquema es muy grande, todo nuestro trabajo de estudio, de composición, de relación de memoria, etc., va a construirse sobre el esquema. Todo el trabajo de repeticiones que nos aseguren la retención de los contenidos, su fácil y pronta recuperación, así como su conocimiento va a depender de lo bien hechos que estén nuestros esquemas.

Por lo tanto nuestros esquemas van a tener ciertas características que pasamos a analizar a continuación:

> **- Ocupar tan solo página. Nunca jamás más de una sola página.**
> A menudo se encuentran opositores que realizan esquemas de un tema y estos esquemas tienen una extensión de siete o más caras de folios. Esto no es un esquema, sino una versión reducida, chuleta del esquema. Este tipo de resumen no vale para nada, el opositor que realiza este macroesquema no ha hecho el esfuerzo de sintetizar, de determinar lo importante, lo esencial, este esquema entraña tanta dificultad que su memorización es prácticamente lo mismo que pretender estudiar el tema sin ningún esquema previo. Este macroesquema es propio de aquellas personas sin capacidad de trabajo inteligente que quieren que el esquema lo contenga todo.

- **Original.** Esto sencillamente significa que no nos vale un esquema realizado por otra persona. Cada persona va a realizar un esfuerzo de selección de lo esencial, de asociación de lo esencial a palabras clave, de acuerdo a sus estructuras nemotécnicas, a su capacidad para construir asociaciones, etc., y todo esto está muy basado en las experiencias vitales de cada sujeto y por lo tanto en la forma de cómo ha construido su estructura de pensamiento. Podemos afirmar que un esquema realizado por una persona tiene un gran valor para la persona que lo ha realizado y muy poco para otra persona. Ahora, la segunda persona se ahorra un gran esfuerzo, pero es muy grande su pérdida en calidad del trabajo. Por lo que es imprescindible que cada persona realice su propio esquema adaptado a sus características y peculiaridades individuales.

- **Que se adapte a una matriz personal.** Una forma de favorecer el proceso de retención, de memoria de cada uno de los temas a estudiar es seguir un patrón personal para la realización, para la organización del esquema. De esta manera, todos los esquemas que realice una persona van a seguir unos determinados puntos. Esto le va a facilitar la tarea de realización de los esquemas, le va a facilitar la memorización, la detección de si se le olvida algo. Al mismo tiempo como se explica en el apartado siguiente, esta personalización del esquema va a contribuir a que el opositor presente la información con un toque personal y diferente que le va a distinguir del resto de opositores.

- **Modificado o personalizado.** En una oposición, la gran mayoría de opositores, por no decir el cien por cien trabaja en academias o con temas comprados a entidades que se dedican a la confección de los mismos. Esto se traduce en que la mayoría de los opositores exponen temas muy parecidos, tanto en los contenidos como en la organización de la materia. La mayoría de los opositores preparan sus oposiciones en academias y esto se traduce en que la mayoría hacen exposiciones tremendamente parecidas no solo en el contenido y organización del tema, sino también en la forma.

Cuando en un tribunal con un gran número de opositores tienen que exponer el mismo tema, al tercer o cuarto opositor el tribunal se sabe el tema, ya lo han oído varias veces y empieza a ocurrir lo siguiente:

- El tema deja de tener interés.

- Se reduce el interés por el opositor, lo comparan con los opositores anteriores.

- Pueden detectar con mayor facilidad los fallos, así como los contenidos que le faltan.

- Y, en especial, el tribunal empieza a juzgar al opositor más por la apariencia y en lenguaje no verbal que por el cometido del tema.

Solución

Es por ello por lo que es imprescindible personalizar el tema, es decir, reorganizar la materia de forma personal y diferente al resto de opositores, de manera que el tribunal la perciba como nueva y distinta y, en consecuencia, vuelvan a tener interés por el opositor y la materia.

Una de las formas de conseguir el objetivo anterior es mediante la organización personalizada del esquema, estructurar y presentar de manera diferente a la forma general que nos han enseñado en la academia de preparación de opositores o diferente a los esquemas que acompañan a cada uno de los temas que hemos comprado.

Las citadas diferencias han de ser marcadas de la forma:

- **Visual.** Que tenga un marcado carácter gráfico que nos facilite la percepción visual, de manera que de un vistazo sea posible recordar la mayor parte o la totalidad del esquema. Por lo que utilizaremos sangrías, recuadros, colores, gráficos, llamadas, etc., que sea la estructura más simple que nos permita de la manera más sencilla y esquemática recordar el esquema.

- **Lógico.** Que la organización del esquema responda en lo más posible a esquemas lógicos que nos facilite una deducción fácil de los contenidos del esquema.

- **Con reglas nemotécnicas.** Que contenga medida, estrategia, palabras clave, asociaciones, dibujos, etc., de carácter nemotécnico que nos permitan la fácil memorización y evocación de los contenidos del esquema.

- **Esencial.** El esquema tan solo ha de tener palabras clave que nos abran el recuerdo a las ideas esenciales que expondremos con nuestras palabras, no deberíamos apuntar las ideas esenciales de forma literal, **ni siquiera las citas de autores ni definiciones**, tan solo palabras clave. El objeto es que el alumno aprenda, memorice y retenga tan solo las ideas esenciales, representadas a través de palabras clave y que tras las muchas lecturas que hace de todos los temas acumule un vocabulario, una verborrea y frases tipo propias del temario, mediante las cuales el opositor recreará con sus propias palabras el tema sobre el esqueleto de ideas que le recuerdan las palabras clave que contiene el esquema, que él ha construido de acuerdo con su forma de pensar y con sus herramientas de evocación.

Memorizado

En este punto, se trata de memorizar convenientemente el esquema que se ha realizado. Este esfuerzo de retención se ha de hacer repetidas veces, de manera que se fije lo mejor posible en nuestra memoria.

Esta memorización es conveniente que se realice en voz alta al tiempo que se escribe el esquema una y otra vez, para reforzar su grabación en los tres tipos de memoria que se explican en el correspondiente apartado del presente libro.

Recitado

 Ésta es una de las fases más importantes del proceso de estudio y la más decisiva ya que se trata de ensayar su exposición final ante el tribunal y es de esta exposición, de que sea correcta, lúcida y adecuada, de lo que depende que el tribunal realice una valoración positiva o negativa del opositor.

Sin embargo, esta fase decisiva es muy frecuentemente olvidada por los opositores que apenas la realizan. Con lo que suponiendo que hayan hecho correctamente las fases anteriores y dominen los conceptos, así como entiendan la materia, van a fallar irremisiblemente en la exposición, con lo que la idea que el tribunal se hace del opositor es mala y, en consecuencia, de nada ha servido todo el esfuerzo de aprendizaje realizado en las fases anteriores.

¿Qué es el recitado?

Consiste en la representación teatralizada de la exposición ante el tribunal, imitando lo más posible las condiciones de realidad que se vayan a tener.

El opositor ocupará la misma disposición que vaya a tener en el examen, empleando el esquema que previamente ha memorizado y ante la presencia de un tribunal imaginario expondrá utilizando todos los recursos de su paralenguaje y su lenguaje no verbal, así como el tema, para lo cual utilizará las ideas esenciales que ha estudiado y recordado, y que constan en el esquema que ha realizado inmediatamente antes, reconstruyendo la literatura del tema con sus propias palabras, acostumbrándose de esta forma a poseer un vocabulario técnico y a tener capacidad para reconstruir con su propio material léxico cada uno de los temas.

De esta manera, el esfuerzo de memoria será un esfuerzo inteligente, en el que solo se priorizará lo esencial, quedando el resto a la reconstrucción literaria del opositor. Si este adquiere esta capacidad, la podrá reconstruir en cualquier momento, y la posibilidad y el miedo de que se olvide será mucho menor, puesto que la materia a memorizar es mucho menor, limitándose a las ideas esenciales.

2.7.2. Esquemas de los esquemas

Como hemos expuesto en la primea vuelta que se da al temario se realiza un esquema de cada uno de los temas que se estudian. Pero en las sucesivas vueltas que se irán dando al temario, se realizarán esquemas que reduzcan todavía más los esquemas que hemos realizado, pero que no los sustituyen, sino que los apoyan.

Realizar estos esquemas de los esquemas va a permitir al opositor tener una idea todavía más esencial de los temas que está trabajando, de manera que adquiera una visión global y unificada que explique todo el temario y le permita reducirlo a las ideas esenciales, que en realidad son muy pocas, y que sirven y dan sentido, se repiten en casi todos los temas que constituyen el temario.

2.7.3. Los supraesquemas

Un supraesquema es un esquema de grandes partes de la materia o incluso de toda la materia. Al final el opositor estará en capacidad de realizar estos supraesquemas, lo que le aportará un verdadero conocimiento de la materia, la capacidad para sintetizarla, comprenderla, reconstruirla, encontrar y dar sentido a todas las partes dentro del todo que constituye el supraesquema de toda la materia.

Una vez realizados los supraesquemas, el opositor siempre los tendrá presentes y se acostumbrará a hacer referencias a ellos en sus ensayos de exposiciones ante el tribunal de cualquiera de los temas que exponga.

Esto será muy agradecido y valorado por el tribunal, ya que lo sitúa e indica en un nivel de conocimiento maduro que presenta el opositor sobre la materia.

2.8. Cómo confeccionar la programación anual del estudio

Como es lógico suponer no vamos a estudiar de la misma manera en los distintos momentos en los que estamos preparando una oposición.

Los objetivos del opositor no van a ser los mismos al principio de la fase de preparación, cuando faltan 6 o menos meses para los exámenes, que cuando faltan 1 o 2 meses, que cuando faltan 15 días.

El objetivo del opositor va a ser distinto la primera vez que se enfrenta a un tema, que cuando ya lo ha visto varias veces, cuando ve por primera vez el temario que cuando ya le ha dado varias vueltas.

Al igual que un coche, vamos a utilizar la caja de cambios para obtener el mayor rendimiento del trabajo del motor y al principio engranaremos la primera marcha, a continuación la segunda y cuando vamos en autopista, la directa o quinta. Del mismo modo el opositor va a utilizar diferentes formas de trabajar, es decir, diferentes velocidades que se adapten a la dificultad y objetivos del momento y que consiga obtener el mayor rendimiento de su esfuerzo y el mejor aprovechamiento de su tiempo y la optimización de sus cualidades.

Es por lo que proponemos el siguiente programa de estudio para adaptar los distintos tipos de uso de la memoria y el estudio a las distintas fases de la preparación de la oposición, para obtener el máximo resultado.

1/2	Primer tercio	Segundo tercio	Tercer tercio
Todos los días dedicamos el mismo tiempo al estudio, con independencia de la fase en la que nos encontremos, pero lo utilizamos de forma diferente			
Modelo de estudio	**Modelo 1º**	**Modelo 2º**	**Modelo 3º**
De qué se trata	Estudiar un solo tema al día De manera profunda, lenta y comprensiva Adaptándolo y personalizando Realizando un esquema final	Una vez acabada la fase 1º Una vez aplicado a todos los temas de la oposición el modelo 1º de trabajo Trabajar progresivamente de 5 a 10 temas diarios	Una vez acabada la fase segunda. Trabajar de forma progresiva, con los siguientes modelos de carga de trabajo: **A.** 10 temas al día **B.** 20 temas al día **C.** 30 Temas al día **D.** Medio temario al día **E.** Todo el temario todos los días
Objetivos	Comprender Distinguir sus partes esenciales Situar dentro del programa general Comprender su aportación al temario general Distinguir las ideas matrices Distinguir los autores básicos Distinguir los pensamientos básicos, generatrices Estructurar las partes del tema Distinguir su organización interna	Fijar y fortalecer las asociaciones Ganar rapidez en la construcción del tema	Entrenar las asociaciones Las evocaciones Ganar rapidez en la evocación Ganar rapidez y seguridad en el reconocimiento Ganar seguridad en la relación con otros temas
Modo de trabajo	Lenta Compresiva Analítica Relacionante Estructuradora	Evocadora Repetitiva Reconocedora Fijadora Asociativa	Repetitiva Reconocedora Evocadora

2/2	Primer tercio	Segundo tercio	Tercer tercio
Todos los días dedicamos el mismo tiempo al estudio, con independencia de la fase en la que nos encontremos, pero lo utilizamos de forma diferente			
Modelo de estudio	Modelo 1º	Modelo 2º	Modelo 3º
Características del trabajo	Trabajar un solo tema al día Cumplir todo el proceso Desde el inicio de la realización del esquema final Se revisa y compara con otros temas Se subraya Se personaliza rehaciendo la estructura del tema Se repite varias veces el esquema Se evoca todo el contenido del tema. Se reproduce todo el tema con todo detalle, simulando su exposición ante el tribunal con todo lujo de detalles y ademanes de lenguaje no verbal	Utilizar una velocidad media Se trabaja por bloque de temas Se hace una lectura rápida del tema Se memoriza el esquema Se repite y evoca deteniéndose de forma superficial en lo evocado Se expone con todo lujo de detalle dos temas de los trabajados ese día	Solo se trabaja con el esquema de cada tema Se revisa este mediante un vistazo general Se evoca el contenido del tema de manera poco profunda, tan solo evaluando que se es capaz de hacer, sin desarrollar los contenidos de cada uno de los apartados evocados Se expone con todo lujo de detalle un tema de los trabajados ese día
Resumen	Un solo tema, con una sola repetición al día	Pocos temas, en cantidad creciente, con una exposición detallada al día	Muchos temas con revisión solo del esquema y una exposición detallada al día

2.9. Propuesta de organización temporal del estudio de la oposición

Como propuesta de organización del tiempo de estudio a lo largo de la fase de preparación exponemos la siguiente, considerando que este modelo de preparación solo es posible si se trabaja con el modelo de estudio que proponemos en el apartado correspondiente de este libro.

Así mismo, para la realización del siguiente programa que se propone es conveniente disponer de los temas lo antes posible, de forma que se han de conseguir con la suficiente antelación, ya adquiriendo los mismos o en caso de irlos recibiendo de un preparador o academia, solicitarlos adelantadamente aunque no se nos hayan explicado o conseguir copias de los años anteriores.

El objetivo que pretende este programa de estudio es optimizar la preparación de la siguiente manera:

- Al principio, trabajando lento y comprensivo, de forma que se permita analizar en profundidad el tema, sus ideas esenciales, relacionarlo con el resto del temario, comprenderlo para hacer una fijación racional de los contenidos.

- Entrenarse de forma eficaz y metódica en la organización de los contenidos a grabar.

- Entrenarse en la recuperación de los contenidos.

- Ganar rapidez y fiabilidad en la recuperación.

- Identificar con fiabilidad y velocidad los contenidos.

- Entrenarse en la reconstrucción de los temas.

- Entrenarse en la exposición de los temas, ya sea escrita u oral.

Para la siguiente simulación vamos a fijar unos supuestos referentes al número de temas a estudiar, así como un supuesto de tiempo del que disponemos para la preparación, desde el momento en que nos encontramos hasta el día de celebración de los exámenes.

Supuestos:

- Número de temas: 50.

- Tiempo de preparación: 6 meses.

- Horas de estudio diarias: 4 horas.

- Días de estudio a la semana: 6 días.

Ejemplo de organización temporal del estudio:

Mes	Número de temas por día	Número de repasos de cada tema	Repeticiones por tema
1º	Un tema por día. Exposición detallada y representada del tema.		
2º	Un tema por día. Exposición detallada y representada del tema.	Todos los temas se habrán visto una vez en profundidad.	1
3º	Dos temas todos los días. Exposición detallada de uno de ellos.	Segunda revisión del temario.	1
4º	Cinco temas todos los días Exposición detallada de uno de ellos.	Cada diez días un repaso a todo el temario.	2´5
5	Diez temas por día. Exposición detallada de uno de ellos.	Cada cinco días un repaso al temario.	5
6º	**1ª quincena.** 25 temas al día. Exposición detallada de uno de ellos.	Cada dos días un repaso al temario.	12
	2º quincena. Todos los días todos los temas. Exposición detallada de uno de ellos.	Todos los días un repaso al temario.	25

Total exposiciones detalladas: tres por tema.

Total repasos por tema: 46,5.

Es importante controlar que se exponen de forma detallada todos los temas a lo largo de la exposición tres veces. El control de estas repeticiones es imprescindible, ya que si no caemos en el peligro de concentrarnos tan solo en aquellos temas que nos agrandan, que nos resultan fáciles y nos aportan seguridad, descuidando los que nos resultan difíciles o farragosos. En otros casos el resultado de no llevar el control sobre los temas que se repiten es todavía peor, ya que se traduce en que no se ensaya esta repetición, se elude, se pospone, autoengañándonos torpemente.

Para llevar a cabo este control es conveniente servirse de plantillas de control como la que se expone a continuación, que realizaremos sobre un folio doble y que pondremos sobre la pared o en un corcho en el lugar en el que estudiamos, de forma que la tengamos siempre a la vista.

Plantilla de control de estudio

Este tipo de plantillas es muy importante y decisivo en el resultado final del estudio. Nos asegura que controlamos el proceso y que nos forzamos a funcionar de acuerdo al ritmo que hemos elegido, trabajando de manera que fortalezcamos la memoria en todas sus funciones y, en consecuencia, que incrementemos sus resultados y las posibilidades de aprobar la oposición.

Vamos a exponer un ejemplo referido a temas de expresión corporal que es la especialidad de la cátedra que ocupa el autor en la Escuela Superior de Arte Dramático.

Ejemplo correspondiente al mes cuatro de la preparación

Mes: día	Número de temas por día	Temas a estudiar	Tema a exponer
1	5	T1. Orígenes de la expresión corporal / T2. Las técnicas del movimiento / T3. Las variables métricas / T4. Las calidades del movimiento / T5. Etc.	T1. Orígenes de la expresión corporal
2	5	T6 / T7 / T8 / T9 / T10	T6.
3	5	T11 / T12 / T13 / T14 / T15	T11.
Etc	Etc	Etc	Etc

Plantilla de control de trabajos realizados

Esta plantilla es de gran interés dado que nos va a permitir a controlar nuestro esfuerzo y, en consecuencia, asegurará el rendimiento del mismo.

De no llevar este control sobre los temas es posible que no seamos capaces de desarrollar este tipo de entrenamiento, ya que es mucho más fácil, aunque de mucho peor resultado al estudiar sin exigencias, sin programaciones, dejándonos tan solo llevar por el placer o por la elección de aquellos temas que nos gustan y nos presentan menos dificultades.

Si estudiamos de esta forma, el resultado será catastrófico, dado que profundizaremos tan solo en algunos de los temas y aumentaremos de forma considerable nuestra ignorancia sobre otros, generalmente los que nos gustan.

Al trabajar sin control de este tipo, lo más frecuente es que estudiemos mucho unos temas, con más repasos y, en consecuencia, mejor fijación y evocación. Con mayor frecuencia los del principio o los que más nos gustan y muy poco otros, que con frecuencia coincide con los del final o los que menos nos gustan.

El no tener control de lo que hacemos nos libera de responsabilidad y, en consecuencia, es la mejor manera de no trabajar y en caso de que las cosas salgan mal, pensar que nosotros no hemos colaborado con el fracaso, haciendo todo lo que está en nuestra mano, y echar las culpas del mal resultado a la suerte, al enchufe de los otros aspirantes o al recurso tan socorrido de la mala suerte.

Pero en muchos casos si obligáramos a las personas a que llevaran un control de sus horas de estudio, de los días de estudio, de los repasos que dan a los temas, podrían llegar a la conclusión muy clara y es que muchas veces no estamos haciendo todo lo que depende de nosotros.

Y para algunos tomar conciencia de esto es muy amenazante y prefieren **no saberlo y seguir mintiéndose.** Tú decides qué tipo de personas eres.

Ejemplo de control del trabajo por temas:

Nº	Titulo tema	Nº repeticiones estudio										Nº de exposiciones detalladas
1	La expresión corporal	x										x
2	Las variables métricas	x										x
3	Las calidades del movimiento	x										
4	Etc											

Como se observa en esta plantilla, se controla mediante marcas que realizamos en las casillas correspondientes a los temas que hemos estudiado y los que se han expuesto de forma detallada, de esta manera tendremos plena certeza de estudiar todos los temas el número de veces que hemos acordado.

Este tipo de trabajos nos va a hacer conscientes de nuestro esfuerzo y evolución.

Si lo vamos realizando, este registro se va a convertir en un elemento que nos devolverá una fuerte estimulación y fomentará de forma clara nuestra autoestima al tiempo que nos motivará hacia un esfuerzo sostenido.

2.10. La memoria

El presente capítulo lo vamos a dedicar a la memoria y al papel que esta desempeña en la preparación de una oposición.

La memoria ha pasado por distintas valoraciones a lo largo de la historia. Desde momentos en los que se ha ensalzado y casi se ha reducido todo el trabajo al entrenamiento exclusivo de la memoria, como otros en los que se ha denostado, considerándose como un instrumento que demostraba poca inteligencia.

Por otro lado, el papel de la memoria va a ser distinto según la naturaleza de la oposición a la que nos estemos preparando. Existen oposiciones en las que la demanda de la memoria es muy elevada, mientras que en otros la demanda de ésta es menor y mayor la de otras facultades intelectuales.

En todos los casos podemos concluir que **la memoria es un instrumento de vital importancia para el opositor:**

Qué es necesario para saber cómo funciona
Cuáles son sus procesos, cómo reforzarlos, etc.
Qué habilidades memorísticas ha de poseer el opositor
Sacarle el mayor rendimiento posible
Cómo reforzarla
Aprender a utilizarla

En definitiva, utilizar la memoria en combinación con el resto de facultades intelectuales con el objetivo de aprobar las oposiciones, por lo que vamos a acuñar el término:

2.10.1. La memoria con inteligencia y su importancia

Ésta es una facultad que tenemos en común con los animales. Todos la poseemos, pero sin duda en distinto grado, según nuestras capacidades y características personales.

Muchas horas de nuestro estudio van destinadas a la mejora de la memoria, introduciendo en ella datos que queremos conservar y por los que vamos a ser interrogados en los exámenes.

El resultado de nuestro esfuerzo, aprobar o no, en gran medida va a depender de nuestra memoria, de lo que la hayamos entrenado y de lo que hayamos sido capaces de retener. Es por lo que se hace imprescindible reflexionar sobre lo que se entiende por memoria, sus cualidades, aquellas que nos han de servir, de forma que una vez definidas aquellas prestaciones que queremos que nos ofrezca la memoria, trabajemos y estudiemos en función de la mejora de esas cualidades.

2.10.2. Qué es la memoria

Es la facultad que permite fijar y retener determinadas secuencias, procesos, datos, conservarlos en el tiempo, reconocerlos y recuperarlos de forma voluntaria, organizada y aplicada en el menor tiempo posible y con la mayor precisión.

2.10.3. Cualidades de la buena memoria y proceso de trabajo para mejorarla

Si observamos detenidamente la definición anterior encontramos todas las cualidades que ha de tener la buena memoria, por lo que las vamos a revisar detenidamente, explicando cada una de ellas.

El objetivo será aprender a estudiar con un sistema que sea capaz de adaptarse a las cualidades que ha de tener la memoria y que la favorezca potenciando y mejorándolas en orden a conseguir un mayor rendimiento de la memoria y unos mejores resultados a la hora del examen.

Repetimos la definición

Es una facultad. Es entrañable, ya que se pude mediante un programa racional, con ciertas características, mejorar su eficacia y resultados.

Que permite fijar. Consiste en crear asociaciones estables en el tiempo de manera que se conserven los nuevos datos, es decir, que éstos dejen una huella, estable y duradera, que podamos almacenar, conservar durante mucho tiempo. En cada uno de estos apartados que definen las cualidades de la buena memoria vamos a ir definiendo, en líneas generales, el proceso de trabajo que hemos de seguir en el entrenamiento de esa capacidad de la memoria.

Proceso de trabajo
La mejora de la fijación de los contenidos en la memoria se va a facilitar con:
Aprendizaje racional: lo entendemos, lo percibimos organizado, distinguimos sus partes, su estructura, lo justificamos
Asociaciones
Repeticiones
Trabajo globalizado

Retener

Conservar en el recuerdo de manera estable y duradera lo fijado.

Proceso de trabajo
Entender qué vamos a fijar
Fijarlo en sus lugares naturales
Llevar un orden lógico en el almacenamiento
Guardar de acuerdo a unos determinados criterios
Crear asociaciones, vinculaciones con elementos ya existentes que le hagan permanecer durante el tiempo en el recuerdo

Determinadas secuencias, procesos, datos

Todos es susceptible de ser grabado, palabras o conceptos, sucesos, emociones, etc. Nuestra memoria es ampliable, pero está limitada y son tantos los datos que tenemos que almacenar que quizás nos falte capacidad o tiempo para fijarlos adecuadamente. Es de vital importancia economizar capacidad y tiempo, ganando fiabilidad y velocidad en la respuesta, por lo que se hace preciso determinar qué es lo más importante: los conceptos, las ideas, etc., grabar esto y el resto, dotarse de herramientas y recursos para reconstruir la parte de verborrea, de adorno.

Es más importante y eficaz retener lo esencial que la fijación de todos los elementos palabra a palabra, para lo que necesitaríamos una memoria muy grande, quizás la que no tenemos, ni el tiempo, ni la posibilidad de realizar el esfuerzo que sea preciso.

Entonces vamos a ser selectivos a la hora de determinar los contenidos a memorizar, de forma que optimicemos nuestra capacidad y nuestro tiempo.

Proceso de trabajo
Entender lo que vamos a memorizar
Distinguir lo esencial de lo accesorio
Dedicarse a memorizar lo esencial y dejar para reconstruir lo accesorio

Conservarlos en el tiempo

Que sean duraderos, que permanezcan a lo largo del tiempo.

Proceso de trabajo
Esto lo vamos a conseguir mediante:
La multiplicidad de estímulos asociativos, la fijación por varias vías
Repetición de los estímulos fijadores, alto número de repeticiones del acto de fijación

Reconocerlos

Ser capaz de identificarlos como tales: recuerdos asociados a los elementos que han de estar asociados y no a otros, colocarlos en el tema al que debe pertenecer, al autor que le corresponde, etc.

Proceso de trabajo
Para esto también se impone una:
Grabación asociada de los estímulos
Entenderlos, identificarlos
Reiteración en la grabación
Reiteración en el reconocimiento de los mismos

Y recuperarlos

Traerlos a la memoria de manera voluntaria en el momento que lo deseemos y necesitemos, el momento del examen.

Proceso de trabajo
Entender qué se graba
Grabar lo asociado, grabar lo organizado
Alto números de recuperaciones para entrenar y dominar el mecanismo de la recuperación

De forma voluntaria

Que sea en el momento preciso, ni antes ni después, es decir, en el momento del examen.

Proceso de trabajo
Entender lo que se graba, que sea lo esencial
Entrenarse en repetir un número de recuperaciones voluntarias, para entrenar los mecanismos de la recuperación

Organizada

Que se recuerde dentro de un contexto y asociado a otras ideas que tienen relación entre ellas y constituyen un todo. Que no haya una recuperación aislada, inconexa, separada.

Proceso de trabajo
Distinguir los conceptos
Asociarlos
Alto número de repeticiones

Aplicada

Que se recupere en relación con el tema que se está tratando, entendiendo su aplicación y su utilidad.

Proceso de trabajo
Distinguir los conceptos, relacionarlos
Entender la estructura del tema, su organización
Distinguir las ideas temáticas comunes a todo el temario, entendiendo por qué ha de estar cada cosa en el lugar en que se encuentra, su importancia y utilidad

En el menor tiempo posible

La recuperación ha de ser inmediata, de nada nos valdría un proceso de evocación costoso que invirtiera un gran período de tiempo en la recuperación de la memoria.

Proceso de trabajo
Una vez construidas las asociaciones, trabajar en altas repeticiones en el proceso de recuperación

Con la mayor precisión

La recuperación ha de ser precisa y fiable, sin errores, a la par que rápida.

Proceso de trabajo
Una vez construidas las asociaciones, trabajar en altas repeticiones en el proceso de recuperación

Resumen

Podemos decir que la memoria, para que sea buena, ha de tener tres cualidades:

- Entender

- Conservar

- Recuperar

Y para el desarrollo de éstas se va a necesitar de tres procesos de trabajo que mejoren estos tres aspectos:

1º Analizar – estructurar.

2º Asociar – organizar.

3º Evocar – repetir.

2.11. Formas de estudiar a lo largo de la preparación

Vamos a entender tres formas/ modelos diferentes de trabajo:

Comprensivo	Lento, pocas repeticiones, profundas, analíticas y comprensivas
Organizativo	Semirápido, estructurador y relacionante
Resolutivo	Rápido, memorístico, fijador, evocador y repetitivo, reconstructivo

Estos tres modelos los vamos a hacer coincidir con tres momentos sucesivos en el trabajo de los temas, de cada uno de ellos y de preparación general temporal de la oposición. A saber:

Comprensivo	1er momento	Lento, pocas repeticiones, profundas, analíticas y comprensivas
Organizativo	2º momento	Semirápido, estructurado y relacionante
Resolutivo	3er momento	Rápido, memorístico, fijador, evocador y repetitivo, reconstructivo

Uso de estos tres modelos de estudio y ensayo a lo largo del tiempo de preparación

El tiempo de preparación de la oposición lo vamos a dividir en tres momentos esenciales.

1er momento	Lo constituye el primer tercio del tiempo, en él, el trabajo va a seguir el modelo A
2º momento	Lo constituye el segundo tercio de la preparación de la oposición, se va a seguir el modelo de trabajo B
3er momento	Lo constituye el tercer y último tercio de tiempo que se invierte en la preparación de la oposición. Es la recta final, la que va inmediatamente antes del examen, es la etapa final, el último mes de trabajo. Se aplicará el modelo C

2.12. Tipos de memoria más frecuente que tienen las personas

De sobra es sabido que las características de la memoria de cada uno de nosotros son diferentes, de forma que cada uno de nosotros somos capaces de grabar con mayor facilidad un tipo de estímulos y con mayor dificultad otros.

Mientras que para algunos es muy fácil retener los sonidos, para otros es mucho más fácil retener las imágenes y su memoria se convierte prácticamente en un vídeo, dado que recuerda con facilidad los dibujos de las páginas, en qué lugar de las mismas se encuentra lo que estamos intentando recordar, etc.

Para otros, lo que recuerdan son procedimientos, movimientos, acciones, etc.

Es conveniente saber qué tipo de memoria es la que cada uno posee, de forma que al estudiar lo hagamos de la manera que favorezcamos nuestro tipo especial de memoria, de esta manera el estudio será mucho más efectivo.

Es importante resaltar que no existe ninguna persona que tenga un solo tipo de memoria de manera exclusiva, no teniendo ninguna capacidad de los otros tipos restantes.

Todos los sujetos tenemos los tres tipos de memoria, aunque de alguna manera presentamos una agudeza o desarrollo mayor en alguno de ellos más que en los otros.

Por lo tanto el objetivo va a ser distinguir qué tipo de memoria tenemos y trabajar en función de crear buenas asociaciones en todos los tipos de memoria a la vez, y muy especialmente en aquel en el que estamos especialmente dotados.

Vamos a distinguir tres tipos de memoria fundamentalmente, a saber:

2.12.1. Memoria de base auditiva

Características

El sujeto tiene especial capacidad para retener los sonidos, los parlamentos de una película, las melodías, las frases, los diálogos. Son aquellas personas que al contarte una película te van relatando los textos, las frases que dicen cada uno de los personajes.

Forma de potenciarla
Estudiar en voz alta
Grabar el propio estudio y volverlo a oír
Asociar lo estudiado con sonidos

2.12.2. Memoria de base visual

Características

El sujeto retiene fundamentalmente imágenes. Recuerda en el lugar del libro en el que se encuentra lo que quiere recordar. Si te cuenta una película te describe fundamentalmente los planos, los aspectos, las acciones de los actores. Tienen muy en cuenta la fotografía.

Forma de potenciarla
Estudiar realizando esquemas legibles
Estudiar leyendo lo que se dice
Que los esquemas sean atractivos visualmente mediante colores, etc
Asociar lo estudiado con imágenes

2.12.3. Memoria de base mecánica

Características

El sujeto recuerda fundamentalmente acciones, pautas de movimiento, secuencias de acciones. En el caso de olvidar un nº de teléfono, recuerda el movimiento del dedo al pulsar las teclas.

Forma de potenciarla
Asociar el estudio a acciones
Acciones realizadas por la laringe
Explicaciones que se realizan con las manos, etc
Gestualizar al tiempo que se recita y expone el tema

2.12.4. Cómo identificar los distintos tipos de memoria

La identificación de qué tipo de memoria posee cada uno de nosotros se puede llevar a cabo mediante:

1. El acto de identificar qué características tiene nuestro estudio.

2. Observar de qué forma nos es más natural estudiar.

3. Responder a las siguientes pruebas:

Pruebas para identificar el tipo de memoria dominante que poseemos

 **Prueba Nº 1**

Cuando leas la última palabra de este párrafo, detente un instante y ve qué imagen te viene a la cabeza:

"VIOLÍN"

A continuación vamos a diferentes evocaciones que esta palabra te puede haber sugerido. Según el tipo de la evocación sugerida se puede deducir de forma fácil el tipo de memoria que posees y, en consecuencia, sabrás, siguiendo las instrucciones dadas anteriormente, cómo trabajar adecuadamente el tipo de memoria que prevalezca.

Primer ejemplo de evocación:

Si la palabra violín te ha evocado alguna de las siguientes imágenes:

> - Ver a alguien tocando el violín.

> - Ver a alguien tocando otros instrumentos.

> - Imágenes asociadas al sonido del violín aunque no sean de ejecución de piezas musicales, como pueden ser las imágenes de una película, mientras la banda sonora es de un violín que las ilustra.

> - Palabras que se oyen mientras suena el violín, etc.

> - Música, melodía, oír la música.

> - Palabras relacionadas con la música.

> - El sonido de otros instrumentos.

Si la palabra te ha evocado alguno de los términos anteriores, tu mente te ha traído el recuerdo de sonidos, tu memoria es fundamentalmente de **tipo auditivo.**

Segundo ejemplo de evocación:

> - Si te ha sugerido la imagen del violín un expositor, sin música.

> - Visiones de otros tipos de instrumentos.

> - Palabras del tipo: instrumento, madera, brillo, guitarra, etc.

> - La imagen de un instrumento separada de su sonido.

Tu memoria posiblemente sea de **tipo visual.**

Tercer ejemplo de evocación:

Si el recuerdo te ha traído una acción conocida o no, en la que un sujeto tocaba el violín dentro de una situación ambiental determinada, como si el lugar estuviera decorado.

- Otras imágenes con un alto valor simbólico.

- Si lo que te surge es el acto de mimar la acción de tocar.

- Palabras como tocar, tañer, bailar, es decir, verbos, etc.

Si las evocaciones son del tipo anterior podemos pensar que tu **memoria** es eminentemente **mecánica**.

2.12.5. La memoria útil y sus herramientas

No todo acto de memoria es útil. No todos los tipos de memoria van a tener el mismo interés para nosotros. Para que una memoria sea de calidad ha de cumplir los requisitos que ya hemos expuesto anteriormente, por lo que no los vamos a repetir de nuevo aquí. Aquí nos referimos al concepto útil y por éste entendemos que nos sirva para los objetivos de nuestra oposición, es decir, para aprobar.

Vamos a fijar algunas características que de tenerlas van a hacer que nuestro esfuerzo memorístico sea más útil:

- Se memoriza lo esencial.

- Se sabe utilizar de forma individual utilizándolo para la construcción de nuevos temas.

- Se relacionan los contenidos entre sí.

- Se es capaz de construir la forma externa de la exposición sobre lo esencial que nos aporta la memoria.

- Que se entienda en profundidad lo que se estudia de forma que se posibilite el uso creativo y diferente de los elementos estudiados.

En definitiva, **se trata de construir una memoria inteligente, constructiva, selectiva, relacionante y creativa.**

Las herramientas de la memoria útil

Al hablar de herramientas de la memoria sin duda nos estamos refiriendo a aquellos instrumentos o procedimientos que nos van a permitir tener una memoria útil, a la que le podamos sacar todo el partido que de ella esperamos y que nos sirva para los objetivos arriba expuestos como aprobar la oposición.

Entre las herramientas de la memoria podemos citar:

La inteligencia	Para entender qué es lo que pretendemos aprender, entendiendo sus partes, la relación con el todo, etc.
El análisis	Para entender las partes y la estructura interna de la materia que vamos a memorizar, cómo la ha organizado su autor y dotarla de una nueva organización de acuerdo con nuestra estructura y gustos personales
La lógica	Para construir asociaciones razonables y fáciles que permitan traer el conocimiento al presente de forma natural.
El trabajo	Para la repetición de los procesos y su automatización
El ejercicio	Para el fortalecimiento de los procesos
La nemotecnia	Vamos a entender por nemotecnia, la técnica, las estrategias especiales de asociación memorística, que nos van a facilitar la creación de asociaciones para fijar los contenidos y poder evocarlos con facilidad

Entre estas estrategias vamos a tener:

Creación de frases partiendo de los nombres a recordar

Si estas frases son fáciles de recordar nos permitirán recordar con facilidad los elementos asociados a ellas.

Así, si queremos recordar a los trágicos griegos: Sófocles, Eurípides, Esquilo. Aisladamente es posible que a algunas personas les resulte difícil recordarlos, pero si con ello creamos una frase fácil y graciosa de recordar, nos facilitará bastante la tarea. Esta frase puede ser:

Eurípides no te _sofoques_ que te _esquilo_.

Con lo cual es evidente la fácil asociación y, en consecuencia, la evocación.

Creación de palabras con iniciales de otras

Hace tiempo, cuando estudiaba mi oposición al Cuerpo de catedráticos de Música y Artes Escénicas, debía memorizar las variables dinámicas del movimiento que estaban formadas por ocho nombres que debía retener en orden para poder reconstruir sus características. En ese caso elegí la construcción de unas palabras difíciles pero sonoras, y su dificultad y rareza constituiría su facilidad para ser recordadas.

Las palabras construidas fueron: **Godeafro goprenostor**, que aislando las sílabas, tenían el siguiente significado:

Go	Golpear
De	Deslizar
A	Azotar
Fro	Frotar
Go	Golpear
Pren	Prensar
Os	Oscilar
Tor	Torcer

Asociar con recorridos

Se trata de asociar la serie de elementos que quiero recordar a una serie de rutina de elementos comunes, cuya asociación me resulte fácil de crear, de conservar y de evocar.

Si por ejemplo tengo que recordar una larga lista de palabras que me diga un auditorio o que yo elija al azar, como serían: azafrán, melón, canción, golondrina, trompeta, cartuchera, pelota, camuflaje, fotografía, diez, corazón, calculadora, etc., el número de elementos máximo a recordar únicamente está limitado por nuestro entrenamiento.

Lo primero que hemos de hacer es crearnos una rutina de recorridos que realicemos diariamente, de forma que no tengamos esfuerzos en evocarlos, y cuyo orden no cambie, sino que repitamos todos los días con precisión.

Estas rutinas, para que sean efectivas, son individuales para cada uno de nosotros.

Voy a exponer una que a mí me funciona bastante bien. Así por ejemplo puedo pensar en lo que hago por las mañanas.

Me levanto
Voy al aseo y me miro al espejo mientras me digo "Buenos días"
Me lavo
Me peino
Me visto
Desayuno
Bajo la escalera
Salgo a la calle
Voy al quiosco de la esquina
Saludo al quiosquero
Compro el periódico
Etc.

A continuación voy asociando cada una de las palabras a recordar con cada uno de los elementos de mi rutina de recuerdos, intentando crear las mayores asociaciones, de forma graciosa, sorprendente, creativa, etc.

Como ejemplo, vamos a construir la siguiente rutina de asociaciones:

Mi rutina	Las palabras a recordar	La asociación
Me levanto	Azafrán	Mi pijama es color **azafrán**
Voy al aseo y me miro al espejo mientras me digo "Buenos días"	Melón	Me veo la cabeza como un **melón**
Me lavo	Canción	Mientras canto una **canción**
Me peino	Golondrina	Con la raya en medio a modo de **golondrina**
Me visto	Pelota	Con un disfraz de **pelota** enorme
Desayuno	Cartuchera	Alrededor llevo **cartucheras** para meterme comida
Bajo la escalera	Trompeta	Al ritmo de una **trompeta** que toca un militar
Salgo a la calle	Camuflaje	Que vestido de **camuflaje** me espera en la calle
Voy al quiosco de la esquina	Fotografía	Al quiosquero le hace gracia mi atuendo y se empeña en hacerme una **fotografía**
Saludo al quiosquero	Diez	Le doy las dos manos y le digo: "Choca esos **diez**"
Compro el periódico	Corazón	Decido comprar un periódico del **corazón**, rosa

De esta manera, si estamos un poco entrenados, nos será muy fácil y muy fiable retener de manera segura y rápida largas series de elementos.

Es lógico que cada una de nuestras rutinas tan solo la podemos utilizar para asociarla a una cadena de conocimientos a recordar, por lo que para otra asociación tenderemos que construir otra serie de rutinas de nuestra vida cotidiana para crear una nueva asociación.

Asociar con tareas

Se sigue el mismo proceso que en el caso anterior, pero ahora lo que fijamos son tareas.

2.13. La reconstrucción del guion de cada uno de los temas: modelos y refuerzos

Entre los tratamientos que hemos de realizar con cada uno de los temas a estudiar está el de la reconstrucción del guion que sigue el tema en su exposición. Se trata de descubrir la estructura organizativa del guion, el orden lógico que el autor ha seguido para construir el tema.

Es obvio que dos autores diferentes pueden seguir dos guiones distintos e igualmente válidos para la realización y exposición de un tema. A la hora de estudiar un tema, si descubrimos el guion que ha seguido el autor para su realización habremos avanzado un gran trecho en su estudio y su conservación en la memoria. Tener el guion significa aprenderlo mejor y retenerlo con menos esfuerzo y mayores garantías para su evocación.

Es por lo que nuestros pasos han de ir destinados a descubrir el guion que el autor del tema ha seguido.

Pero mejor todavía es la construcción de nuestro propio guion. Es decir, reorganizar la materia de acuerdo a un guion que nos sea natural a nosotros y, por lo tanto, lo recordemos con facilidad.

Todavía es mejor si a todos los temas los dotamos, organizando la materia de los mismos, con un esquema común de guiones que nos sean naturales.

Entre las ventajas de esta forma de trabajar tenemos las siguientes:

- Nos resultará más fácil abarcar la materia.

- Tendremos menos olvido en los temas.

- El tribunal los percibirá como originales.

- La materia la presentaremos un poco distinta al resto de los opositores.

- Aprovecharemos mejor los conocimientos del tema en otros temas, de forma que distinguiremos las ideas generales y las de gran aplicación

Posibles modelos de guiones a seguir:

1	Introducción
2	Importancia del tema
3	Situación del tema en el temario
4	Exposición del guion que vamos a seguir
5	Planteamiento que queremos demostrar. Línea argumental
6	Definición de conceptos
7	Referencias
8	Antecedentes
9	Consecuentes
10	Partes
11	Clasificaciones
12	Implicaciones en otras áreas
13	Resumen
14	Conclusiones

Sin duda alguna y dependiendo de la naturaleza del temario a aprender en función a la naturaleza de la oposición que preparemos, este guion tendrá importantes adaptaciones. Así por ejemplo si opositamos a la enseñanza, a la judicatura, etc.

Los refuerzos: visuales, lógicos, auditivos y mecánicos

A la hora de estudiar, con independencia de nuestro tipo de memoria (visual, mecánica o auditiva), estudiaremos provocándonos estímulos de las tres naturalezas de modo que se refuercen el conocimiento y se graben en las tres áreas: la auditiva, la visual y la mecánica.

Así utilizaremos **refuerzos visuales** tales como:

Visualizar permanentemente el esquema
Subrayar el esquema con diferentes colores para cada nivel de organización
Reescribir de nuevo el esquema
Realizar simultáneamente gráficos, etc.

De **tipo mecánico**, como son:

Vocalizar lo que se estudia
Escribirlo
Dibujarlos
Explicarlo con las manos
Mimarlo, etc.

De **tipo auditivo**, como pueden ser:

Escuchar al tiempo que se declama el tema en voz alta
Grabar los temas a aprender y oírlos posteriormente, etc.

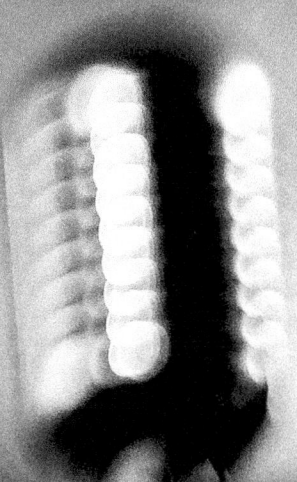

3. El tribunal

3.1. El estudio del tribunal por parte del opositor

El objetivo de todo opositor es el de aprobar. Y aprobar depende de la idea que otros, los miembros del tribunal, se hagan del opositor. Va a aprobar aquel opositor sobre el que el tribunal decida que tiene lo mejores y mayores conocimientos, que éstos son adecuados, que posee la madurez necesaria para desempeñar el puesto, que lo consideran formado y, en definitiva, aquel opositor que le guste al tribunal, que satisfaga el perfil de personalidad y visión de los problemas que el tribunal cree que ha de tener y que le es necesaria para afrontar la problemática que el puesto al que se aspira demanda del profesional.

En definitiva, para que el opositor sea calificado como válido, éste ha de satisfacer las expectativas que el tribunal tiene sobre él y sobre las demandas y cualidades que ha de tener para el desempeño de la función.

Por lo expuesto es obvio que la exposición del opositor, si quiere aprobar, se ha de adaptar a lo que el tribunal espera del opositor.

A una oposición se va no solo con la intención de demostrar qué es lo que se sabe, sino de convencer al otro, al tribunal, que eres tú la persona que buscan y en definitiva que eres tú la persona que has de aprobar, ya que eres el que más sabes y el que reúne todo un perfil de cualidades que te hacen idóneo y el mejor para ocupar el cargo al que opositas.

Y para convencer al tribunal de que tú eres la persona idónea, has de tener la mayor información posible sobre qué piensa el tribunal, qué tipo de persona buscan, para de esta forma, mostrarte como la persona que buscan con sus cualidades y destrezas.

3.1.1. Cómo empezar a aprobar la oposición antes de iniciar los exámenes

Lógicamente la respuesta solo puede ser una: aprobar la oposición, convencer al tribunal de que eres la persona que más sabe, que posee las cualidades idóneas y, en consecuencia, que eres tú quien ha de aprobar la oposición.

Dicho de otro modo, a una oposición se va no solo a demostrar de forma atropellada todo lo que uno sabe y ha estudiado, dicho de manera arrebatada y amontonada, sino:

> **Para recibir información**
>
> **Para estudiar al tribunal**
>
> **Para emitir señales mías que me interesen, es decir, dejar en el tribunal el mayor número de huellas positivas mías**

3.1.2. Para qué estudiar al tribunal

Todos tenemos conocimientos de cómo dos puntos de vista válidos sobre una misma realidad a un profesional le parece bueno uno y malo el otro. Como dos respuestas distintas a una problemática existente, a un profesional le parece correcta una y a otro la otra, y ambas son aspectos parciales, con distintos enfoques de una misma realidad.

Todos podemos ver como existen en todas las áreas del conocimiento humano autores que gozan de la admiración de unos profesionales mientras que otros prefieren a autores totalmente opuestos en sus planteamientos o interpretaciones de la realidad.

Pero no solo es la adaptación al mundo interpretativo y teórico del tribunal lo que le interesa al opositor, sino también el acercamiento a su mundo de experiencias profesionales. Y, ¿por qué no? El acercamiento al mundo de experiencias profesionales y vitales del tribunal, lo que sin duda va a ser percibido por el tribunal como una toma de simpatía hacia el opositor, lo que se va a traducir en una corriente inconsciente de valoración más positiva y que tiende a ser mucho más tolerante y justificadora de los errores del opositor

El tribunal está formado por personas, personas que tienen una historia, con experiencias y decisiones, que ocupan unos cargos, que viven unas circunstancias, que sufren unas determinadas dificultades en la realización de su labor. Si el opositor es capaz de realizar su exposición como si la realizara desde la óptica del tribunal, tiene ganado un gran camino.

Es imprescindible adaptarse al comprador. Si tuviéramos que vender un producto, intentaríamos saber qué espera el comprador de ese producto, para qué lo va a utilizar, en definitiva, tener la mayor información sobre el comprador y sus necesidades.

El éxito en la venta va a depender de la capacidad de conectar el producto con la satisfacción de las necesidades del vendedor.

El buen vendedor se concentra en estudiar al comprador y conectar el producto con la necesidad de éste. El mal vendedor tan solo se concentra en el producto y en hablar de sus cualidades.

Siempre que hablamos del tribunal, nos estamos refiriendo a los aspectos más generales y comunes entre los miembros que conforman el tribunal, intentando no entrar en desacuerdo con ninguno de los miembros, o cuando menos, si no es posible lo anterior, a la adaptación a las personas más relevantes del tribunal, sin entrar en flagrante contradicción con el resto de los miembros.

3.1.3. Análisis exhaustivo de los miembros del tribunal

¿Qué observar del tribunal?

Todo. Absolutamente todo.

Podemos afirmar sin miedo a equivocarnos que todo lo que podamos saber sobre el tribunal es importante, aunque lógicamente todo no tiene la misma importancia y especialmente todo no tiene la misma eficacia para adaptar nuestro mensaje al tribunal ni para fomentar en él simpatía hacia nosotros.

Por lo que teniendo en cuenta que el tiempo del que dispone el opositor es escaso y los esfuerzos que éste ha de realizar para conseguir esta información pueden ser grandes, vamos a restringir nuestra búsqueda a aquellos aspectos que consideramos de mayor utilidad a la hora de adaptarnos al tribunal y generar en el tribunal simpatía hacia nosotros. Así que buscaremos información que esté relacionada con los siguientes aspectos de los miembros del tribunal:

Historial
Edad
Generación a la que pertenece
Orígenes
Lugar de nacimiento
Características del lugar, ciudad, pueblo, aldea, isla
Cómo ha podido ser su infancia
Tipo de enseñanza recibida
Cultura a la que pertenece
Comunidad autónoma a la que pertenece
Problemática de esa comunidad
Historia de esa comunidad
Lengua vernácula

Tradiciones y costumbres
Folclóricas
Deportivas
Religiosas

Trayectoria profesional

Ésta nos va a dar una gran información sobre el tribunal: qué formación tiene o lo que ha estudiado, si a lo largo de su carrera administrativa, por ejemplo, ha desarrollado un periplo por distinto lugares alejados de sus orígenes; cómo piensa, en el caso de los libros, su filosofía, etc. Así tenemos:

Estudios que ha realizado

Puestos que ha desempeñado

Tiempo que ha estado en cada uno de los puestos

Los distintos destinos que han vivido en el desempeño del trabajo

Publicaciones

Investigaciones y tesis doctorales

Artículos

Otras trayectorias profesionales

Otros estudios

Publicaciones

Investigaciones

Participaciones en ONG y actividades de ocio

Participa en alguna ONG, cuál, cuáles son sus fines y naturaleza

Tiene algún ocio, de qué tipo, qué rol desempeña dentro de él

Trayectoria personal

Estado civil, hijos, familia

Orígenes, etc

¿De dónde obtener la información sobre el tribunal?

A la hora de la búsqueda de información y dado que el opositor se encuentra sin tiempo y con la urgencia del estudio, se intentará pedir ayuda a algún familiar o amigo que pueda conseguir la información.

En cuanto a las fuentes, la **primera** y sin duda la más accesible es la de extender el nombre de los miembros del tribunal entre los amigos y éstos entre los suyos, ampliando la red, con el ruego de obtener cualquier información sobre estas personas que conforman el tribunal.

En **segundo** lugar, se pueden realizar búsquedas especializadas a través de los siguientes medios:

Introduciendo los nombres en buscadores de Internet
Buscando en bases de datos
Buscando en las bases de tesis doctorales y de investigación de las universidades en las que han estudiado los sujetos que se buscan
En librerías de calidad, el librero nos puede comprobar en su base editorial si existe alguna publicación de estas personas

3.1.4. Jerarquía interna de un tribunal

El tribunal, como toda agrupación humana, posee una jerarquía interna. Los miembros que los componen no tienen la misma formación, la misma preparación. No todos los miembros del tribunal gozan del mismo prestigio profesional en el campo de competencia de dicho tribunal y sobre el que se desarrollan las oposiciones. Entre estos miembros podemos encontrar personas de elevada relevancia profesional y personas de escasa relevancia profesional.

En caso de personal de elevada relevancia, por el lugar que ocupan en la sociedad, por el cargo que ocupan dentro de la profesión, por el número de publicaciones científicas, por la incidencia de algún miembro del tribunal en otras áreas, en especial, las relacionadas con los medios de comunicación, etc.

Todos los miembros del tribunal no poseen las mismas características de personalidad. Mientras que algunas personas se muestran discretas, sumisas, gobernables y susceptibles de ser determinada su opinión por la de los otros, otros miembros muestran personalidades más influyentes, asertivas, dominantes, que son capaces de influir en la opinión de los otros. La opinión de éstos es seguida con facilidad por los otros.

Todos los miembros del tribunal no ejercen dentro del tribunal los mismos roles y por lo tanto gozan de capacidad de influir en la decisión final muy diferente.

3.1.4.1. Importancia de distinguir quién manda en el tribunal

Como principio, debemos trabajar y exponer para todos los miembros del tribunal e intentar llegar a todos y simpatizar con todos. Pero existen ciertas prioridades que no podemos perder de vista.

A la luz de lo expuesto anteriormente es obvio concluir que a quien debemos convencer de forma especial de que sabemos y de que debemos aprobar es a aquellas personas con capacidad de liderazgo e influencia en el resto de miembros del tribunal, ya que llegando a éstos, tenemos posibilidades de que sean éstos los que influyan en los otros, creando en ellos una opinión favorable hacia nosotros.

3.1.4.2. Tipos de líderes

Vamos a encontrar fundamentalmente dos tipos de líderes que son:

1. Líder formal, administrativo, institucional

Es el presidente del tribunal, que ha sido nombrado directamente, sin sorteo, en función del estatus profesional que ocupa y que con facilidad puede tener un nivel superior al resto de los miembros del tribunal.

Dirige el tribunal, en caso de que existan temarios diferentes, uno de ellos comunes o administrativos, de constitución, legislación educativa, etc., el líder formal suele ser la persona más capacitada sobre este tipo de conocimientos.

2. Líder real, espontáneo, natural

Es la persona de prestigio entre el resto de miembros del tribunal y, por consiguiente, tiene ascendencia sobre ellos, crea opinión y los otros tienen en cuenta la suya y temen contradecirle, existe hacia éstos una relación de respeto más o menos acentuada por parte de los demás miembros.

A veces, en caso de existir un doble temario, el líder real es el más consolidado en el temario específico.

Otras veces, el líder espontáneo lo es no por su conocimiento ni prestigio, sino por las relaciones interpersonales y por las historias de vida existentes entre los miembros del tribunal, tales como favores, débitos, etc.

Los dos liderazgos en una sola persona

Lo mejor, lo más deseable y también bastante frecuente es que los roles de liderazgo recaigan sobre la misma persona, en este caso el presidente del tribunal.

Esto simplifica mucho las cosas para el opositor, ya que se tiene que concentrar en primer plano en el presidente y en segundo plano en todo el tribunal.

Los dos liderazgos en personas diferentes

Pero en ocasiones los dos roles de líderes recaen en personas totalmente diferentes. Ésta es una situación bastante frecuente. En consecuencia, el opositor los ha de identificar, de forma que les preste atención a ambos, siendo lo más peligroso en caso de desconocer esta situación que se concentre en uno e ignorar al otro, lo que lo podría predisponer en contra del opositor, con las funestas consecuencias en el resto de miembros del tribunal

En este caso la atención del opositor se dirigirá en primer plano hacia el líder presidente

En segundo plano hacia el líder no presidente

Y en tercer plano hacia el resto del tribunal

Relación entre ellos

Es especialmente importante la relación que se establece entre los dos líderes. Simplificando la vamos a reducir a dos posibilidades

De proximidad, colaboración, no competencia

De competencia, celos, no colaboración

En ambos casos es totalmente válido lo expuesto anteriormente

3.1.4.3. Cómo reconocer a los líderes del tribunal

A la hora de reconocer a los líderes vamos a tener en cuenta los siguientes datos:

- La **propia estructura** publicada del tribunal con su señalamiento del líder formal o presidente.

- Los **resultados de la búsqueda** de información que habremos realizado anteriormente sobre el tribunal. De forma que observando las publicaciones, méritos profesionales, trayectorias, etc., nos podemos hacer una idea de la importancia de los miembros y de su posibilidad de incidencia en el resto de miembros del tribunal.

- Por la **observación** del tribunal en sus sucesivas actuaciones.

Cuándo observar

Hemos dicho que hemos de observar al tribunal para la detección de los líderes en cada una de sus actuaciones ante nosotros, esto es, cuando reciben a los opositores, mientras explican el funcionamiento y el programa que va a seguir el proceso de oposición, etc. Y observaremos quién habla. A qué otros miembros del tribunal mira el miembro que habla en actitud de pedir aprobación, etc.

Qué observar

El líder es la persona que controla el espacio, el ritmo, crea la postura, capta la atención, crea foco, etc. Pasamos a explicar de forma detenida y ampliada cada uno de estos aspectos.

- **Controla el espacio.** Esto significa que el líder ocupa un mayor espacio que el resto. Ocupa el centro de este espacio. El resto de miembros mantienen siempre orientaciones corporales hacia el líder.

- **Crea el ritmo.** Esto significa que la persona líder es el que inicia los desplazamientos en caso de caminar por el pasillo en grupo. Detiene con su parada al grupo en caso de caminar.

- Crea el ritmo en las posturas.

- Indica corporalmente cuándo cambiar de acción, etc.

- Crea la postura. Esto significa que si el líder se apoya en la mesa, el resto de miembros se irán apoyando sucesivamente, si se retira y recuesta en el respaldo de la mesa, lo irán imitando el resto de los miembros, si se agita, si se relaja, etc.

- Capta la atención, crea el foco. Esto significa que de forma más o menos discreta pero siempre inconsciente, el resto de miembros estarán orientados hacia el líder, esto es, dirigido su pecho o pelvis hacia éste o al menos los pies. En caso de dudas, las miradas siempre se dirigirán hacia el líder.

3.1.5. Cómo conseguir que el tribunal sienta simpatía por nosotros. La aproximación psicológica al tribunal

Vamos a entender por esta aproximación cualquier táctica del opositor para presentarse como próximo al tribunal de manera que en éste surjan corrientes de simpatía hacia el opositor, al sentirlo próximo a su punto de vista, a su mundo, etc. Vamos a distinguir distintos tipos de aproximación o acercamiento que exponemos a continuación.

Acercamiento postural al tribunal

Para este acercamiento postural al tribunal nos hemos de centrar en la persona del líder, ya que éste es el que creará postura en el resto. Y utilizaremos la técnica de la imitación en espejo.

La técnica de la imitación en espejo significa copiar de forma sutil y aproximada pero no inmediata la composición postural básica del líder.

Esto significa que nuestra postura recuerde en lo esencial, en los segmentos corporales más importantes, las posiciones que adopta el líder. De manera no inmediata significa que si el líder cambia en su postura esencial, nosotros cambiaremos pero pasado un pequeño espacio de tiempo y de manera discreta.

Si la copia en espejo se realiza teniendo en cuenta estas dos condiciones:

esencial y no inmediata, es prácticamente imposible que nuestra estrategia sea descubierta por el líder, de manera que podemos estar absolutamente tranquilos.

De realizarlo mal podría causar extrañeza en el líder, pero nunca tendría consecuencias negativas, salvo que se hiciera de forma tan grotesca como el mimo que imita descaradamente a las personas por la calle para que la copia sea tan evidente que produzca comicidad. Este no es el caso y es prácticamente imposible.

Entendemos por rasgos esenciales de la postura los siguientes:

El tronco, inclinación hacia delante o atrás
Cerramiento o apertura, etc.
Toca la mesa o no
Las manos están inmóviles o las mueve
Dónde mira
Con qué ritmo mira, etc.

Una vez detectados todos estos elementos, los copiaremos en lo esencial, pero no en lo accesorio, de manera que si el líder tiene su tronco inclinado hacia adelante con las manos juntas y los dedos entrecruzados y los antebrazos apoyados en la mesa, nosotros tendremos el tronco inclinado hacia delante, las muñecas apoyadas en la mesa, pero las manos estarían un poco separadas pero no excesivamente, y por supuesto los dedos no se entrecruzarían.

Acercamiento verbal

Acercamiento verbal significa utilizar algunos términos de vocabulario, giros, expresiones, características de dicción o entonación propias del tribunal o del líder. Es importante hacer de este recurso un uso no excesivo, más bien parco, de manera ocasional e intentando sentirse seguro.

Acercamiento por vestuario y otros

Se trata de utilizar un vestuario u otros elementos, portafolios, etc., que tengan un parecido en lo fundamental con las que utiliza el opositor, el líder o líderes del mismo o la mayoría de sus miembros.

Se trata de los siguientes ejemplos.

- Si observamos que el tribunal lleva chaqueta deportiva, pero no una corbata, nosotros utilizaremos una chaqueta deportiva, de unos colores parecidos, por supuesto sin corbata. No utilizaremos, en este caso, traje o ropa deportiva.

- En general, no llevaremos ropas de peor calidad que las del tribunal, ya que esto sería un alejamiento del mismo y una falta de respeto hacia éste, pero tampoco usaremos ropas excesivamente elegantes por encima de las que lleva el tribunal. El caso es estar a su altura, ni por encima ni por debajo. Llevaremos traje en caso de que todos los miembros del tribunal lo lleven.

- En cuanto a los útiles veremos que sean del mismo estilo, si los portafolios que llevan son de mano, de asa, deportivos, elegantes, negros, claros, etc.

3.2. Cómo dar al tribunal la mejor imagen de nosotros

El acercamiento al tribunal es de gran importancia ya que constituye una de las primeras impresiones que el tribunal va a tener de nosotros y, en consecuencia, éste es el material con que cada una de las personas construye las primeras percepciones que se elaboran sobre nosotros, y todos sabemos que de estas primeras percepciones va a depender la disposición del tribunal hacia nosotros y el juicio previo que elabora sobre el opositor atribuyéndole, antes de empezar a hablar si sabe o no sabe, si da la imagen que buscan para el opositor que ha de aprobar.

Esta primera percepción influye y determina el resto de percepciones que construimos sobre la persona.

La primera percepción tiende a confirmarse, esto es, que si la primera impresión que elaboramos de una persona es positiva, tenderemos a ver como positivas el resto de percepciones que elaboremos de ellos. Y por el contrario, si la primera percepción que elaboramos de una persona es negativa, tenderemos a elaborar percepciones negativas sobre el sujeto.

Ya el refranero popular nos dice desde antiguo, que es más importante caer en gracia que ser gracioso, en clara alusión a la importancia que tiene la primera percepción en el juicio final que las personas se hacen sobre nosotros.

De aquí la gran importancia de este apartado. No olvidemos nunca que la idea que una persona se hace sobre otra:

Se la hace en los primeros momentos de la interrelación
Antes de que empiecen a exponer los temas, es decir, en la parte no profesional de la comunicación
Depende en un 35 % de la imagen que da de sí mismo a través de uso del paralenguaje
Depende en un 57 % de la imagen que da de sí mismo a través de su lenguaje no verbal, es decir, a través de su actitud corporal, vestuario, objetos que utiliza, cómo se acerca al tribunal, a qué distancia se sitúa, si invade o no el espacio del tribunal, en qué lugar de la sala se sienta, etc.

Por esto, en este capítulo vamos a estudiar de forma profunda y extensa todos estos aspectos que consideramos de vital importancia.

3.2.1. Cómo actuar

Cómo entrar en la sala del tribunal

La primera o una de las primeras imágenes que el tribunal tiene del opositor es la de su entrada en la sala de exámenes, es por lo que esta entrada, esta primera imagen, ha de ser muy cuidada y con ella el opositor ha de ofrecer de sí mismo la imagen mejor y la que más le interesa que reciba el tribunal.

- Se ha de entrar con una actitud decidida, pero sin euforia ni agresividad. Son muchos los opositores que ante el miedo y la ansiedad propias y naturales que les produce su entrada a la sala del tribunal expresen este miedo mediante la expresión de una actitud que más que decidida parece agresiva. Este error, sin duda, podría ser fatal ya que el tribunal lo interpreta como una falta de madurez y un ataque contra el tribunal.

- El opositor ha de entrar con una actitud de satisfacción y agrado hacia el tribunal, por lo que es conveniente que cuando los mire se repita mentalmente la frase "me encuentro feliz de estar aquí con vosotros y me alegro de veros". La repetición interna de esta frase se va a traducir en un lenguaje corporal externo de simpatía, respeto y cierto afecto hacia el tribunal, o que va a provocar en ellos una mejor disposición hacia el opositor.

- El opositor no ha de mostrar sufrimiento ante esta situación, ya que de ser así se presentaría ante el tribunal como una víctima, haciéndoles sentir a los miembros del tribunal como los culpables verdugos, causantes de la situación de miedo y sufrimiento que el opositor padece. Esta actitud provoca en los miembros del tribunal un profundo sentimiento de incomodidad y culpa, por lo que para defenderse de este sentimiento los miembros del tribunal lo que pretenden es evadirse, para escapar de este sentimiento de culpa, por lo que rápidamente se van a concentrar en otra cosa que no sea el opositor, esto es, a evadirse. Esta evasión significa la condena inmediata al suspenso del opositor.

- El opositor no ha de mostrar temor ni sumisión por lo anteriormente expuesto.

- El opositor mostrará serenidad, madurez, tranquilidad, dando a entender con su actitud y su semblante que entiende y acepta esta situación, que el papel que le ha tocado hacer a los miembros del tribunal es difícil, que sabe que lo harán lo mejor posible, que se merecen hacer este papel y que se merecen su respeto.

Cómo muestra el opositor respeto al tribunal

El opositor no mostrará de forma torpe e ineficaz su respeto al tribunal con inclinaciones ni burdas alabanzas ni torpes referencias a lo cansados que estarán, es decir, no adoptará familiaridades, ni adoptará posturas de sumiso adulador ni de protector.

El opositor mostrará su respeto al tribunal fundamentalmente a través de dos estrategias:

- El uso de la **distancia adecuada** al tribunal.

- Permitir que el **tribunal ostente el poder mediante el control de la ceremonia del examen**, que sea el tribunal quién marque las pautas del ritual, cuándo se empieza, qué se hace en cada momento, en qué situación y momento ocurren las cosas y las distintas fases y momentos de la oposición.

Vamos a analizar detenidamente cada uno de estos dos puntos. Los vamos a desarrollar a través de los siguientes apartados que los contienen.

A qué distancia del tribunal situarse

Una parte importante dentro del lenguaje no verbal es la **proxémica**. Ésta es la parte del lenguaje no verbal que estudia las distancias a las que interactúan las personas y cómo se expresan y comunican a través del uso de estas distancias y el significado que estas distancias y su uso tiene entre las personas.

A través de la distancia que utilizan las personas, éstas expresan la relación que tienen entre ellas, las intenciones que cada uno tiene respecto al otro, lo que quieren conseguir del otro, cómo se sienten respecto al otro, qué opinión le merece, etc.

Las distancias expresan la jerarquía, la relación, etc. Es por lo que el opositor ha de tener un gran cuidado en el uso de las distancias que utiliza con el tribunal.

Situarse a una distancia excesivamente próxima al tribunal, de uno a dos metros, significa entrar en la distancia íntima del tribunal, distancia que está reservada para las personas que comparten este tipo de relación íntima con los miembros del tribunal, pero éste no es el caso del opositor, por lo que el uso de esta distancia tan corta produciría incomodidad en el tribunal que se podría sentir invadido por el opositor, generando con esta invasión en los miembros del tribunal un sentimiento de incomodidad y, en consecuencia, de rechazo hacia la persona del opositor, con la consiguiente predisposición negativa hacia éste.

El opositor inconscientemente tiende a utilizar esta distancia corta que es la que comparten los amigos, las personas que tienen una relación personal estrecha y que se hacen favores, por lo que el opositor de manera no consciente cree que de esta forma, al situarse en esta distancia personal, va a conseguir que el tribunal lo vea de manera más cercana y personal, accediendo a tratarlo con la deferencia y favor con el que se tratan los amigos.

Situarse a una distancia excesivamente lejana al tribunal, cuatro o cinco metros, significa un excesivo respeto al tribunal y éste tiende a interpretarlo como un excesivo alejamiento del opositor, miedo e inmadurez, lo perciben como una persona atemorizada, incapaz de afrontar sus conflictos, sin valor. El tribunal entiende que no recibe la atención que merece. A veces el opositor se sitúa en esta distancia ya que inconscientemente en ella se siente más seguro y también porque cree que de esta forma va a manifestar sumisión y un poco de temor, consiguiendo que el tribunal se apiade de él.

Por supuesto ambos extremos son erróneos y ambos tienen consecuencias negativas para el opositor.

Lo ideal es situarse a unos tres metros del tribunal, saludarle con el suficiente volumen de voz y esperar en el punto a recibir instrucciones del tribunal de manera que sea éste quien dirige la ceremonia del examen.

Dónde situarse en la sala de exámenes

La situación que se ocupa en la sala, al presentarse al tribunal, es de gran importancia, ya que es una de las primeras impresiones que damos al tribunal y de manera inconsciente sus miembros las interpretan y elaboran con ellas las primeras percepciones sobre el opositor, percepciones que como se ha dicho repetidas veces van a condicionar las sucesivas percepciones que el tribunal construye sobre el opositor.

El opositor se ha de situar a la distancia que hemos dicho en el punto anterior, y en el centro de la sala, coincidiendo siempre con el eje central de la mesa del tribunal.

Cualquier otra posición va a transmitir al tribunal percepciones negativas sobre el opositor, como por ejemplo son las siguientes:

Situarse no en el centro, sino más cerca de la puerta de acceso a la sala, transmite la idea de un opositor con miedo y que tiene profundos deseos de terminar y abandonar la sala y, por consiguiente, no tiene la madurez que el tribunal busca.

 Situarse no en el eje del centro de la mesa del tribunal, sino desplazado hacia uno de los ejes que pasan por los extremos, va a trasmitir la idea de una persona poco franca, que esconde cosas y, en consecuencia, no es fiable.

Podríamos ver y analizar todas las posibles situaciones, pero no es necesario ya que alargaría excesivamente este tratado, máxime cuando ya hemos indicado cuál ha de ser la situación ideal que ha de ocupar el opositor, que es la del centro del espacio, en el eje vertical que va al centro de la mesa del tribunal.

Cómo pararse ante el tribunal

El opositor ha de utilizar la *figura de energía* que consiste en:

- Colocar los pies a la misma altura a la anchura de las caderas y descansando el peso en los dos pies por igual. Las dos rodillas han de estar encajadas, no una flexionada. Los dos pies han de apuntar hacia delante y ligeramente abiertos.

- Se ha de tener la sensación de que se crece, como si nos tiraran de la cabeza ligeramente hacia arriba y el peso del cuerpo se ha de sentir que cae sobre el metatarso de los pies que, como se sabe, es la zona que está justo detrás de los dedos, de manera que el cuerpo presenta una ligera inclinación hacia delante, con lo que se da una idea de disposición y de franqueza.

Qué actitud corporal tener y cómo entregar el documento de identificación

Los brazos han de pender a ambos lados del cuerpo de manera relajada, o sujetar los portafolios u otros instrumentos del examen.

En caso de portar en los brazos portafolios u otros instrumentos, éstos no se utilizarán para ocultarse detrás de ellos ni se balancearán.

Toda la figura ha de ser relajada y presentar un tono afable, por lo que es conveniente que durante este tiempo el opositor se repita mentalmente: *"me siento bien y me alegro de estar aquí con vosotros"*, mientras reparte sus miradas a los miembros del tribunal, sin detenerse en ninguno.

El opositor entrará en la sala cuando sea llamado por el tribunal, se desplazará hacia el centro de la sala, al lugar descrito, una vez que haya llegado y una vez parado, saludará al tribunal con **"buenos días"** (o *"buenas tardes"*, según proceda), soy *"Fulano de tal"*. A continuación y desde ese punto esperará instrucciones del presidente del tribunal.

Cuando el presidente del tribunal se dirija a él y le solicite la identificación, esperará a que éste termine de hablar y entonces se acercará a un metro y medio al tribunal, nunca menos, se volverá a detener y sacando el documento de identificación, que lo ha de llevar en un sitio previsto de manera que lo saque con facilidad, con el documento dispuesto y el brazo recogido junto a su cuerpo esperará a que el presidente del tribunal realice el ademán de extender el brazo para tomarle el documento de identidad.

En ese momento el opositor extenderá su brazo, de manera que acercándose un poco al tribunal le haga llegar de forma cómoda el documento al miembro del tribunal que se lo solicita.

Esta entrega la aprovechará el opositor para mantenerse unos segundo a una distancia más corta y brevemente hará ademán de retroceder a su lugar original, una vez recuperado el documento, aunque en realidad el retroceso será menor que el terreno avanzado de manera que si al principio estaba a un metro y medio, al volver a alejarse se quedará discretamente a un metro veinticinco, aproximadamente.

Cuando el tribunal le vuelva a dar instrucciones sobre el siguiente paso del proceso, como *"diríjase a la silla", "siéntese y comience la lectura cuando esté preparado"*, siempre esperará a que el presidente haya terminado su instrucción para empezar a moverse. Nunca iniciará el desplazamiento mientras le está hablando.

Cuando inicie el desplazamiento lo hará caminando inicialmente un paso de espaldas, es decir, de frente al tribunal y, a continuación y de forma seguida, dará la vuelta para dirigirse al lugar que le ha indicado el tribunal.

Durante todo este tiempo el opositor mantendrá siempre la figura de energía que hemos descrito anteriormente.

 **Todo esto lo ha de entrenar repetidas veces el opositor en su casa de manera que se convierta en un acto mecánico**

Así mismo ha de ensayar dónde llevar de forma accesible el documento de identidad, cómo llevar los libros, portafolios y otros elementos que pueda necesitar para el desarrollo de su ejercicio y cómo manejarse con todos estos elementos de manera resuelta, dando la sensación de orden y limpieza, ya que una situación de confusión, de lío con los bártulos, puede ser tremendamente cómica y de fatales consecuencias para el opositor.

 Jamás se tocará la mesa del tribunal, ni siquiera se rozará.

Jamás se dejará nada sobre la mesa del tribunal.

Jamás se mirará a los documentos u otros elementos o instrumentos que el tribunal pueda tener sobre la mesa.

Qué imagen le conviene al opositor dar al tribunal

Como se puede deducir todo es importante, no existe nada que no tenga importancia. Es por ello que una oposición empieza a aprobarse o suspenderse mucho antes de iniciar el hecho físico de empezar a escribir el examen o de empezar a hablar en el caso de las exposiciones orales ante el tribunal.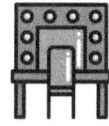

Y no solo nos estamos refiriendo al momento en que te presentas ante el tribunal y según el vestuario y el aspecto que lleves, así como la imagen que de ti estás comunicando, esto ha quedado sobradamente explicado en otras partes del presente tratado, sino que se empieza a aprobar o suspender una oposición desde el mismo momento en que se entra en el edificio en que se van a celebrar las oposiciones. Desde ese momento estás dando información de ti a los miembros del tribunal y por lo tanto se ha de controlar esta información de modo que emitamos la información que más nos favorezca.

El objetivo ha de ser dar ante el tribunal la imagen que más nos favorezca, que más se aproxime al opositor ideal que consciente o inconscientemente el tribunal anda buscando. Para esto provocaremos dejar en el tribunal y en sus miembros el mayor número de imágenes satisfactorias posibles y durante el mayor tiempo posible.

Es decir, hemos de procurar que el tribunal nos vea, lo más posible y durante el mayor tiempo en la imagen que más nos beneficia, para dejar de nosotros en su mente la huella más profunda, duradera y positiva hacia nosotros.

Cómo actuar en los pasillos

Procuraremos movernos por los pasillos por los que circula el tribunal, adoptando cuando éstos pasen una postura de respeto y seguridad, mirándolos brevemente y dirigiéndoles un saludo respetuoso y breve.

Procuraremos en estos momentos mostrar aplomo, si estamos parados lo haremos en la figura de energía, si caminamos lo haremos con pasos regulares, ni largos ni cortos, con una trayectoria clara, sin titubeos. Si estamos leyendo algún libro, procuraremos que sea alguno que les resulte familiar a los miembros del tribunal. No es necesario que sea un libro escrito por alguno del tribunal, lo que se puede interpretar como un interés evidente de querer hacer la pelota, pero sí es inteligente y más disimulado el estar leyendo el primer libro que recomienda en la bibliografía alguno de los miembros del tribunal en caso de que éste tenga publicaciones. Es importante que el opositor deje en el tribunal el mayor número de imágenes de calidad sobre él mismo.

Dónde sentarse en las exposiciones que da el tribunal sobre el funcionamiento de la oposición

En caso de asistir, lo que es casi general, a sesiones en las que el tribunal recibe a todos los opositores para explicarles el funcionamiento de la oposición y darles la bienvenida, se ha de estar en parte atento a las instrucciones que estamos recibiendo del tribunal y por otra, muy importante, controlando la imagen que estamos dando de nosotros al tribunal. Para cumplir con este objetivo es importante, si las circunstancias lo permiten, elegir el lugar en el que nos vamos a sentar para recibir la exposición y siempre que nos sea posible.

Como indicaba a veces esto no es posible ya que el tribunal marca el sitio que se ha de ocupar o cita por orden de lista. En este caso, no podremos utilizar este recurso y sí utilizaremos el siguiente que exponemos.

El lugar ideal para sentarse sería cerca de la línea central, en su parte derecha y en la parte delantera, o lo que es lo mismo, en la segunda o tercera fila, a la derecha del tribunal y lo más cerca del pasillo central, lo exponemos en un croquis a continuación.

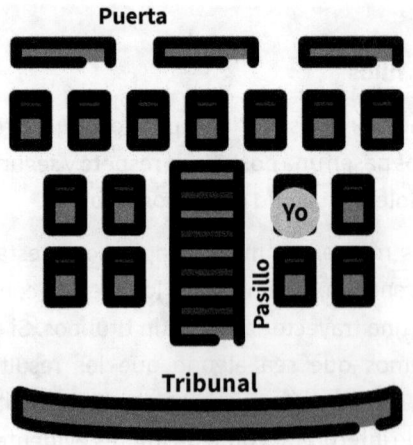

Esta ocupación del espacio es igualmente aconsejable en cualquier otra situación en la que nos presentemos en grupo ante el tribunal, ya sea en una exposición, en un pasillo, en las puertas de un aula, etc.

Qué hacer mientras se escucha la explicación del tribunal. Empatizar con el tribunal

Se trata de conectar corporalmente con el tribunal mientras éste realiza la exposición de las explicaciones iniciales a las que nos hemos referido en el párrafo anterior. La técnica consiste en atender al tribunal, al miembro que está hablando, generalmente el presidente, con la cabeza ligeramente inclinada, con una discretísima sonrisa, intentando mostrar interés, tomar periódicamente notas muy breves, mostrando aplomo y de vez en cuando asentir con la cabeza de manera que se refuerce al presidente que nos está hablando, para que se sienta seguro en su exposición y nos perciba como persona de seguridad hacia él y, en consecuencia, se disponga a valorarnos mejor.

Cómo usar los objetos

Se prestará especial atención a todos los objetos que utilizamos, de manera que todos estos objetos hablen de nosotros lo mejor, es decir, aproximándonos lo más posible al ideal de opositor que el tribunal busca.

Digamos que el criterio para la selección de los objetos es que nos sirvan para dar la imagen que nos interesa de nosotros y que nos acerquen al perfil del opositor ideal que el tribunal busca.

Por lo que es difícil definir estas cuestiones de manera universal para todos los opositores, ya que según la corrección de imagen que ha de dar cada opositor, así deberemos realizar la selección de estos objetos.

Como norma general podemos decir que han de ser pulcros, adecuados, que den la idea de madurez, que no transmitan desorden, aniñamiento ni amaneramiento, tampoco excesiva artificiosidad, han de tender a pasar inadvertidos, aunque nunca será así.

Una buena norma sería aproximarse a los objetos de este tipo que puede o pudiera usar el tribunal o los miembros del tribunal de edad más parecida a la nuestra.

Dónde dejar los objetos, maletines, libros

Los objetos pueden ser libros y cualquier otro elemento que usemos como un bolso, una riñonera, un maletín, etc.

Esto lo hemos de tener estudiado, de manera que no nos sorprenda y que con nuestro proceder demos la impresión de nosotros que más nos favorezca.

 Es conveniente no dejar nada en la sala del tribunal. Si se dejan cosas en el suelo, que estén preparadas para tal fin, por ejemplo en caso de ser un maletín que éste sea de los que se paran con facilidad y mantiene su presencia y armazón.

Los objetos que tengamos que utilizar tales como útiles de escritura, agua o carné de identidad, irán colocados en lugares estratégicos que permitan su hallazgo sin titubeos y para que su uso dé la sensación de orden y de preparación.

Es conveniente hacerse esquemas previos y, si no hace falta, hacer como que se hace ya que esto dará al tribunal idea de organización, método y reflexión.

Es conveniente utilizar un reloj que permita la continua visualización de la hora y del tiempo restante, y que se use de manera clara, no nerviosa, colocándolo adecuadamente sobre la mesa, de manera preparada, de forma que demos al tribunal la idea de organización, control y previsión.

3.2.2. El cuerpo. Qué información damos con él, cómo controlarlo

Es a través del cuerpo como vamos a dar una gran cantidad de información sobre nosotros. Mucho antes de que empecemos a hablar nuestros receptores se van a hacer de nosotros una imagen que se va a tender a confirmar en el transcurso de nuestra exposición. De manera que si la impresión, la primera percepción que se elaboran de nosotros es buena, tenderán a confirmarla en las sucesivas intervenciones que vayamos realizando a lo largo de nuestra exposición.

Y si por el contrario esta primera percepción es mala, nuestras expresiones, nuestras frases, nuestra exposición servirá de motivo al tribunal para ir confirmando esta primera percepción.

Todos tendemos a confirmar las primeras percepciones que elaboramos de una persona. En el primer minuto y medio de conocer, de ver a una persona, elaboramos esta primera percepción. Basta con un minuto y medio. Incluso diríamos que con mucho menos tiempo ya hemos elaborado esta primera percepción. Y es muy difícil modificar esta tendencia.

Por todo esto, hemos de tener muy en cuenta y cuidar de forma especial esta primera impresión que vamos a dar al tribunal fundamentalmente con nuestro cuerpo. Lo inteligente y estratégico es no producir en el tribunal una primera percepción negativa que nos influya de forma decisiva en los futuros juicios y apreciaciones que realicen sobre nosotros. Ya que cambiar una mala percepción es sumamente difícil. A veces es imposible cambiar esta primera percepción si es mala. Y aún en el caso de que se pueda cambiar, se ha de dedicar gran tiempo y trabajo en intentar cambiarla, sin garantías de que siempre se consiga. Pero incluso si se consigue cambiar el resultado final alcanzado, siempre será muy inferior al que se hubiera alcanzando de haber partido de una primera impresión positiva y favorable.

Por lo tanto, nuestro primer objetivo es producir la primera impresión más favorable para nosotros.

 ¿Cómo vamos a conseguir producir esta primera impresión favorable?

Vamos a continuación a exponer varias de las estrategias corporales que podemos utilizar para producir en el tribunal una buena primera impresión positiva de nosotros, que los predisponga a evaluarnos de manera positiva.

 En primer lugar vamos a describir la técnica llamada *figura de energía:*

Qué beneficios nos aporta adoptar la figura de energía

Se entiende por *figura de energía* aquella composición corporal que hace que el otro nos perciba con unas determinadas cualidades muy beneficiosas para nuestros fines, que después estudiaremos.

Todos tenemos de forma natural **comportamientos dinámicos y posturales** que hemos ido adquiriendo con el paso del tiempo, pero que sin duda hablan de nosotros. A veces cuentan de nosotros cosas que no nos benefician. Por lo que tenemos que modificarlos en caso de que no nos sean beneficiosos.

Muchas personas tienen de forma espontánea estos comportamientos no beneficiosos que vamos a describir a continuación y que hemos de modificar para el examen. Otros no tienen esta composición corporal, pero son los nervios en el momento del examen los que le van a provocar esta mala postura que va a lanzar de ellos una primera impresión catastrófica.

El sujeto con miedo tiende a cerrarse, buscando inconscientemente protección, se balanceara de una pierna a otra, o de delante a atrás. Al cerrarse, llevará su pecho hacia atrás y abajo, como escondiéndolo, provocándose una cifosis, que se traducirá en una pérdida de estatura, aparentando ser menor y más débil, menos fiable; también se producirá una consecuente lordosis, al tiempo que inclina y cierra la cabeza, forzando el no enseñar los ojos, lo que provoca desconfianza de los otros hacia el emisor y favoreciendo el no mirar a los otros de forma franca y sincera.

La lordosis es una excesiva curvatura lumbar. Si es muy pronunciada, producirá un abobamiento del estómago, para compensar esta situación el centro físico del pecho se desplazará hacia atrás, con lo que en consecuencia para compensarlo llevaremos la cabeza hacia delante provocando una cifosis y bajando en altura la cabeza.

La persona que nos ve percibirá en nosotros una tendencia a la gandulería, al cerramiento, a la pereza. Nos percibirá como una persona poco fiable y poco optimista, en general, poco apta para la consecución inicial de un trabajo, ya que nos percibirá como cansados y desilusionados, y poco fiables.

Para compensar todo lo que está ocurriendo en la columna y para buscar su punto de comodidad y equilibrio, el sujeto terminará flexionando las rodillas dirigiéndolas ligeramente hacia a fuera y abriendo hacia fuera las puntas de los pies, lo que va a provocar que descanse todo el peso del cuerpo en los talones.

Con esto último quien nos mire reforzará todavía más su idea sobre nosotros de perezosos y no fiables, al tiempo que parecerá que tenemos más edad en el sentido más perjudicial de la cuestión, es decir, no más edad en cuanto a madurez, sino en cuanto a desgana y gandulería.

Todos estos ajustes de la figura incorrecta son causa y consecuencia a la vez unos de otros.

 **Vemos a continuación qué tipos de ajustes hemos de realizar en nuestra figura para producir la impresión contraria a la que anteriormente hemos descrito.**

Figura de energía de pie

La figura la vamos a descomponer en las siguientes fuerzas que influyen en ella:

La tendencia ascendente

Estando de pie se ha de sentir como si una fuerza tirara de nosotros, de los pelos hacia arriba, haciéndonos crecer todo lo posible pero sin exagerar y sin que esta situación lleve a una crispación ni que nos aparezca en el rostro una situación de forzamiento sino todo lo contrario.

La alineación de la columna. A continuación vamos a sentir que toda nuestra columna se estira, de manera que quede tan solo con las curvaturas que le son naturales y en los grados que lo son, sin perder estos grados, pero sin la excesiva lordosis o cifosis.

El peso del cuerpo en el metatarso

Se ha de sentir que el peso del cuerpo se concentra y cae sobre el metatarso. Es decir, debemos sentir que el peso del cuerpo en los pies se concentra justo detrás de los dedos, que es la zona conocida como el metatarso.

Si el peso del cuerpo recae sobre el talón, la figura tenderá a cerrarse hacia delante, curvándose la espalda, dando la apariencia de menor estatura y produciendo la sensación de persona menos fiable, que oculta intenciones inconfesables y que aparente ser no solo menos fiable sino además menos dada al esfuerzo físico.

Si por el contrario el peso se lleva a la punta del pie, sobre los dedos, el talón tenderá a elevarse, y esto se traducirá en una falta de estabilidad y quien nos mire percibirá como pequeños saltitos, como si quisiéramos llamar la atención, intervenir, aparentar que somos más de los que en realidad somos y que nosotros lo sabemos y no podemos ocultarlo. De esta manera, daremos la sensación de fragilidad, de ansiedad, de inseguridad.

Por lo que recomendamos que el peso recaiga en el metatarso, lo que va a contribuir al alargamiento de la columna, a presentar una ligera inclinación hacia adelante con lo que daremos la sensación de persona dispuesta a la acción, sincera y cargada de energía.

Las manos cayendo

Las manos han de estar cayendo a ambos lados del cuerpo, relajadas pero con tono. Si es posible, se utilizará el recurso de sujetar elementos con las manos, de manera que se les dé una función, tales como sujetar una carpeta, un bolso, unos libros, etc., pero nunca utilizando éstos a modo de barrera que se interpone entré nuestro cuerpo y el tribunal, lo cual indicaría miedo y actitud de huida.

Las manos sujetarían estos objetos, pero tendiendo a pender a ambos lados del cuerpo.

La anchura de las piernas

Las piernas es conveniente que se encuentren firmemente apoyadas en el suelo, bien extendidas ambas y ninguna en ligera flexión.

La anchura de los pies ha de ser aproximadamente un poco menos que la de las caderas o incluso un poco menos en el caso de las mujeres. Nunca nos presentaremos con los pies totalmente cerrados uno junto al otro ni excesivamente abiertos. En el primer caso daríamos una sensación de timidez o inseguridad, mientras que en el segundo la sensación sería de enfrentamiento, de rivalidad, lo que en el fondo también encierra una sensación de miedo y de inseguridad.

Los pies estarán orientados hacia el tribunal y en ningún caso hacia otras direcciones.

El balanceo, lateral o anteroposterior

Se procurara no balancear el peso del cuerpo de delante hacia atrás, esto es, balanceo anteroposterior ni de izquierda a derecha. Ambos balanceos son indicativos de nerviosismo, por lo tanto de descontrol o de inmadurez, indican nuestro íntimo deseo de escapar de esta situación.

La inclinación de la cabeza

Esa figura que estamos describiendo se llama figura de energía dado que la imagen que transmitimos es la de seguridad y autocontrol, pero es posible que algunas personas sientan esta figura como un poco dura. Esta situación se suaviza con una ligera inclinación de cabeza, inclinación lateral en cualquiera de las dos direcciones de los dos laterales del cuerpo.

Se ha de llevar especial atención a que la inclinación lateral no se convierta en inclinación hacia detrás, lo que indicaría una actitud de soberbia, ni tampoco hacia delante que nos indicaría una actitud de agresividad y reto. Ninguno de estos dos matices sería deseable.

La cara y la expresión

La cara ha de presentar una actitud relajada, sin expresión de miedo ni tampoco una excesiva sonrisa que va a aparecer como falsa y, en consecuencia, como un deseo de adular y de hacer la pelota, lo que va a molestar profundamente al tribunal.

La cara ha de expresar un estado de bienestar interior, tranquilo y sereno, por lo que es conveniente en esta situación repetirse de forma frecuente que uno se encuentra bien en esa situación y que los miembros del tribunal que tiene enfrente no son sus enemigos, sino al contrario personas como nosotros, que nos entienden y con las que nos sentimos a gusto.

El semblante

Por lo tanto nuestro semblante ha de ser sereno aunque cargado de energía y dispuesto a la acción que nos lleve a la demostración clara y entusiasta de nuestros conocimientos.

El semblante ha de ser confiado, abierto como si se encontrara ante un grupo de amigos con los que vamos a trabajar.

Las manos. Su significado, su uso inteligente en beneficio del opositor

 Se ha de utilizar de manera expresiva aunque no enfática ni ilustrativa. Esto es, se han de utilizar con el fin fundamental de reforzar la comunicación, de hacerse más convincente y creíble. En ningún momento se ha de intentar dibujar con ellas lo que se está diciendo.

El objetivo de las manos es el de reforzar la comunicación. De alguna manera favorecer que el tribunal siga el ritmo y el hilo de la exposición, de manera que ésta les resulte natural y fluida.

Un buen sistema consiste en seguir con una de las manos a modo de marcador, el renglón por el que se va leyendo, de manera que al levantar la vista del escrito podamos regresar la vista al mismo y no nos sintamos perdidos.

La otra mano se ha de utilizar de manera que ésta siga a modo de batuta de director de orquesta las inflexiones que realiza la línea melódica que acompaña la frase. Así, ésta será más comprensible y el tribunal percibirá el ritmo natural de la frase, así como intuirá la estructura lógica de los conceptos que se exponen, discriminando cuando se acaba uno y comienza el siguiente.

En el capítulo destinado al uso de la voz expondremos de forma detallada las líneas melódicas que describen la voz al pronunciar las frases, es decir, los tonemas.

Se evitará de forma especial el señalar, especialmente con el pulgar, ya que esto va a dar un aire despreciativo y de superioridad, lo que va a resultar molesto y desagradable para el tribunal.

Se evitará, así mismo, utilizar las manos como garras o esconderlas.

Se procurará hacer gestos lentos, fundamentalmente orientando las palmas de las manos hacia arriba, no quitar pelusas de la ropa, etc.

En el caso de que las manos constituyan un problema, porque no controlamos lo que hacemos con ellas o porque hacen lo que no deseamos que hagan, el objetivo sería en primer lugar una reeducación, y si ésta no es posible o no tenemos tiempo para ella, buscar estrategias que nos permitan controlar la situación, tales como sujetar algún objeto con las manos, que las mantenga ocupadas y, de esta manera, no hagan lo que no queremos que hagan. Por ejemplo, imaginad que las manos sin darnos cuenta rascan nuestra cara o adoptan una posición de garras orientadas hacia abajo sobre la mesa con los dedos separados, en este caso, puede ser conveniente sujetar con las manos un objeto de manera que impida la acción de rascar o la postura de garra, dicho objeto puede ser un bolígrafo cogido por el centro, unas gafas, etc.

Cómo ocultar los fallos y los nervios que se denuncian con las manos

Siguiendo con la línea de lo expuesto anteriormente, el objetivo siempre ha de ser el de ocultar el elemento que no queremos que se vea y sustituirlo por otro acto que sea conveniente.

Un caso de especial importancia es cuando las manos manipulan objetos en los que predominan su longitud y al mismo tiempo son poco rígidos. Esto puede aumentar de forma exagerada un natural temblor de nuestra mano y hacerlo muy visible. Tanto que nosotros al verlo nos sintamos desestabilizados y creamos que no somos capaces de controlar la situación. En estos casos es de gran utilidad no manipular este tipo de objetos, tales como folios punteros, etc., de manera que dejemos el folio sobre una mesa. Y si es imprescindible su manipulación, hemos de reducir las características físicas del objeto de manera que no amplifiquemos el temblor, por ejemplo, utilizar más de un folio para aumentar su resistencia a la vibración, utilizar los folios doblados por la mitad, utilizar fichas de mayor grosor, apoyar bajo los folios el bolígrafo a modo de soporte, etc.

La mirada. Su significado, importancia, cómo mirar, cuánto, a quién

Es necesario mirar. La mayoría de las personas tenemos miedo a mirar por diferentes razones que pasamos a exponer:

> Miedo a que nos descubran cómo somos y que no les gustemos, lo que en definitiva significa miedo al rechazo

> Miedo a descubrir al otro y que no nos guste lo que vemos

> Creer que así mostramos una actitud de sumisión y, en consecuencia, podemos dar lástima al otro y disponerlo a que nos ayude

> Miedo a invadir sin permiso al otro, lo cual puede enojarlo y disponerlo de forma negativa hacia nosotros

> Entre otros

Son muchos los miedos que podemos tener, pero en definitiva el error es no mirar.

Es necesario e imprescindible mirar, sobre esta cuestión no hay ninguna duda. Lo que tenemos que precisar es cómo se mira, a quién, durante cuánto tiempo, dónde y cuándo. Es imprescindible mirar, por las razones siguientes:

> Mirar significa decirle al otro: *"Te tengo en cuenta, existes"*

> Mirar significa: *"No paso de ti, tú eres importante en este proceso"*

> Mirar significa que soy consciente de que tú existes y esta exposición va dirigida a ti

> Mirar significa: *"Valoro tu papel de evaluador, lo acepto y eso no me produce miedo ni rechazo hacia ti"*

No mirarte sería no reconocerte como persona, no reconocer tu autoridad en este momento y proceso, no tenerte en cuenta, no darte el valor esencial que tú tienes como persona.

Hasta tal punto es importante mirar que en lenguaje no verbal se utiliza el término de **NO PERSONAS** para algunas profesiones, que socialmente son tratadas en algunos momentos, en el ejercicio de su profesión como si no existieran, es decir, como no personas. Entre estas profesiones encontramos taxistas, camareros, etc. Una de las formas que utilizamos para darles el trato de no personas es que en la mayoría de los momentos no las miramos a los ojos cuando les estamos hablando, les hablamos mientras miramos la carta o miramos a nuestro compañero comensal, etc.

Mirar o no mirar, a quién

A menudo los opositores tienen miedo a mirar o creen que no mirando muestran humildad y así van a comprar las simpatías del tribunal.

Otras veces miran muy insistentemente, lo que también es fruto del miedo y la ansiedad, creen que así se muestran más maduros y capaces.

Otras miran nada más que objetos y nunca a los ojos del tribunal, creen que así muestran sumisión y que esto les beneficia. Error.

Otras, no miran a quien los miran, rehuyendo su mirada, esquivándola, lo que hace al miembro del tribunal sentirse rechazado.

Otras, miran a sitios inadecuados, como las rodillas de los miembros femeninos, aunque el opositor no se da cuenta de que está mirando las rodillas del miembro femenino, simplemente mira pero no ve, aunque esto hace sentirse incómoda y ofendida a la miembro del tribunal.

Otros, miran los zapatos de los miembros masculinos o sus manos, sin ver como en el caso anterior, y el miembro del tribunal piensa o que lleva los zapatos sucios o las uñas teñidas de bolígrafo, produciéndole ambas situaciones una sensación de incomodidad, le distraen de la exposición que está realizando el opositor y, en definitiva, le perjudican.

 Mirar significa: *"Te tengo en cuenta, me interesas, te valoro"*

Cómo mirar para producir la impresión que nos interesa

Ciertamente ya hemos demostrado la necesidad de mirar, lo que vamos a exponer a continuación son las circunstancias en las que se desarrolla esta mirada. Es decir, dónde, cómo, cuánto y a quién miro.

Lo importante es mirar, lo que matiza y convierte esta mirada en una mirada beneficiosa o perjudicial son las circunstancias en las que se desarrolla la mirada.

Pasamos a describir estas circunstancias:

Se ha de mirar a todos los miembros del tribunal
Se tenderá a mirar más al presidente o líder natural, después al formal y después a los demás miembros del tribunal
Se mirará en períodos de tiempo breves de dos o tres segundos, nunca más
Se mirará siempre a los ojos o a la frente
No se mirará ninguna otra parte

Dónde

Se ha de mirar exclusivamente al triángulo formado por los dos ojos y el centro de la frente de los miembros del tribunal, evitando de forma deliberada miradas a cualquier otra parte de los miembros del tribunal, como pueden ser los pies, pelo, orejas, pecho o rodilla, que se evitarán de forma decidida en caso de tribunales constituidos por miembros femeninos.

Recordad que nos estamos dirigiendo a la razón de los miembros del tribunal. Ellos están ahí para tomar decisiones sobre nosotros, es decir, para observar con sus ojos y decidir con su razón. Es por lo que esta forma de mirar es la más adecuada ya que se dirige a las partes del tribunal que están entrando en acción.

Cuánto tiempo mirar

Las miradas han de ser breves, eso es, no han de durar más de 2 o 3 segundos, de manera que si es muy breve no se van a sentir atendidos y si esta mirada es muy dilatada en el tiempo, corremos el riesgo de que se sientan presionados por la misma y, en consecuencia, se sientan incómodos.

A quién mirar y en qué orden

Se ha de mirar a todos los miembros del tribunal, de forma que ninguno se sienta no atendido, lo que puede generar en éste un sentimiento de antipatía hacia nosotros. Teniendo en cuenta que se han de mirar a todos los miembros del tribunal, no obstante, se han de establecer determinadas prioridades a la hora de dedicar un mayor tiempo en las miradas a unos o a otros miembros del tribunal.

 Por lo que aconsejamos entrenarse mirando a las personas con las cuales ensayamos de manera que perdamos el miedo a mirar.

Mirar para ser visto o mirar para ver

La calidad de la mirada consiste en el enunciado del presente apartado. El opositor ha de acostumbrarse a mirar para que vean qué mira, para mostrar madurez y seguridad, para expresar a los miembros del tribunal que está cómodo con ellos, que los respeta, etc.

Pero ha de acostumbrarse a no ver, de forma que lo que pueda estar viendo no le afecte en caso de que sea negativo y tampoco le suponga una distracción y, en consecuencia, una pérdida de concentración.

Nunca se ha de olvidar que la oposición es una representación teatral en la que el opositor ha de representar el papel que busca el tribunal y que más le favorece.

Para esto sería bueno que el opositor ensayara en su casa semanalmente exposiciones reales. Para la realización de esta exposición comprará cinco caretas o máscaras que colocará en una pared a modo de tribunal y se acostumbrará a exponerles el tema y mirar a los ojos y frente de las caretas, acostumbrándose a mirar para ser visto no para ver.

La mirada de inseguridad

Existen personas que por sus facciones, morfología, forma de mirar, expresiones, etc., nos infunden inseguridad, parecen que nos están enjuiciando negativamente y perdemos la concentración. Es preciso que distingamos a estas personas, a estos miembros del tribunal de manera que los miremos a éstos el menor tiempo posible, pero sí hay que mirarlos de vez en cuando.

La mirada de seguridad

Por el contrario existen personas que de forma natural nos transmiten seguridad, nos parecen acogedoras, que nos escuchan y nos hacen sentirnos bien y tranquilos, como si nos estuvieran diciendo: *"Adelante, que lo estás haciendo muy bien"*. A estas personas las vamos a llamar **personas de seguridad**.

Tendremos estudiado en el tribunal quién es nuestra persona de inseguridad y quién es nuestra persona de seguridad, de manera que miraremos el menor tiempo posible a la persona de inseguridad, y siempre que nos sintamos inseguros nos refugiaremos en la persona de seguridad.

3.2.3. El vestuario. El pelo. Los útiles. Su significado y cómo podemos utilizarlos a nuestro favor* (véase p. 223)

Es a través del cuerpo como vamos a dar una gran cantidad de información sobre nosotros. Mucho antes de que empecemos a hablar, nuestros receptores se van a hacer de nosotros una imagen, que se va a tender a confirmar en el transcurso de nuestra exposición. De manera que si la impresión, la primera percepción que se elaboran de nosotros, es buena, tenderán a confirmarla en las sucesivas intervenciones que vayamos realizando a lo largo de nuestra exposición.

 Y si por el contrario esta primera percepción es mala, nuestras expresiones, nuestras frases, nuestra exposición, servirán de motivo al tribunal para ir confirmando esta primera percepción.

Importancia de estos elementos

Todos tendemos a confirmar las primeras percepciones que elaboramos de una persona. En el primer minuto y medio de conocer, de ver a una persona, elaboramos esta primera percepción. Basta con este minuto y medio o incluso con mucho menos tiempo para elaborar esta primera percepción.

Es muy difícil modificar esta tendencia. Por todo esto hemos de tener muy en cuenta y cuidar de forma especial esta primera impresión que vamos a dar al tribunal fundamentalmente con nuestro cuerpo.

Lo inteligente y estratégico es no producir en el tribunal una primera percepción negativa que nos influya de forma decisiva en los futuros juicios y apreciaciones que realicen sobre nosotros. Ya que cambiar una mala percepción es sumamente difícil.

Por todo esto, la gran importancia que tiene el vestuario, el pelo, los útiles que llevamos, etc., ya que con ellos estamos hablando de nosotros de manera íntima y precisa, diciendo al tribunal si somos nosotros la persona que están buscando o por el contrario que no lo somos. Vamos a analizar detenidamente estos elementos.

Como norma general, lo primero que debemos hacer es analizar y reflexionar sobre los siguientes puntos:

Qué tipo de oposición estoy haciendo. P.e.: abogado del Estado, policía nacional, maestro, etc. Son opciones muy distintas y no se busca el mismo **perfil de opositor ideal**

Qué perfil ha de tener el aspirante ideal

Qué cualidades ha de tener la persona que ocupe el puesto

Qué cualidades tienen las personas que yo conozco que desempeñan ese trabajo

Qué cualidades y aspecto poseen los miembros del tribunal que posiblemente pertenecen a esa profesión

Cómo van vestidos, qué pelo y útiles llevan los miembros del tribunal

Cómo van y que útiles llevan las personas que yo conozco y que desempeñan esa profesión

Qué cualidades parezco tener según mi aspecto, pelo y útiles que utilizo

Cómo debo variar mi aspecto, pelo, útiles, ropa, para que parezca que poseo las cualidades que se esperan en la profesión a la que aspiro

Cómo debo variar mi aspecto para aparentar que poseo el mayor grado las cualidades de la profesión a la que aspiro

Y todo esto lo he de conseguir mediante el vestuario, el pelo, los útiles, etc. Conseguir estas cualidades a través de la ropa y del pelo y útiles es tremendamente cómodo, ya que una vez realizada la elección, ésta surte su efecto y ya no tenemos que preocuparnos de ello, de fingirlo, sino simplemente dejarlo actuar. Y nuestra mente y nuestra atención se liberan de esta obligación y queda libre para dedicarse a otros aspectos como es la exposición del tema, etc.

Resumen

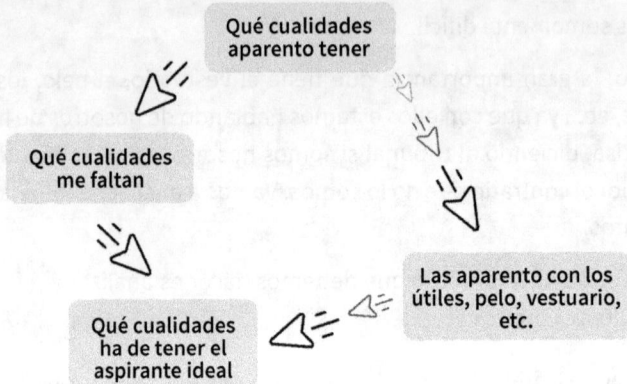

Como norma general el vestuario ha de servir para equilibrar, es decir, poner o quitar según convenga al opositor aspectos de su personalidad para que se acerque lo más posible al perfil de opositor que busca el tribunal. Así, si una persona aparenta ser muy mayor para el perfil de la plaza a la que aspira, mediante el vestuario, pelo, etc., le haremos parecer más joven. Si por el contrario aparenta ser excesivamente joven para desempeñar el puesto, le haremos perecer mayor y más maduro.

Que aparenta debilidad de carácter, le haremos parecer más enérgico y fuerte.

Si aparenta ser excesivamente rígido, le haremos parecer más flexible, etc.

Esto significa que el diseño del vestuario, pelo, útiles, etc., es una elección individual que se ha de hacer cada opositor, como un caso concreto de características personales sobre las que hay que trabajar. No podemos dar normas generales, sino que cada opositor con los datos aportados en este capítulo tendrá que realizar un estudio de su caso y diseñar el vestuario que mejor le conviene según sus características individuales.

No obstante, vamos a intentar ofrecer una serie de normas que sirvan a cada opositor para diseñar su perfil ideal en cuanto a vestuario, pelo, etc., en función de su apariencia natural y el puesto al que aspira.

Estas normas las vamos a agrupar en cada uno de los apartados de los temas que vamos a tratar.

El vestuario

- Las **ropas vaqueras**, de sport o informales dan un aspecto juvenil, deportivo y rebelde. Éstas serían adecuadas en aquellos opositores que tengan un aspecto mayor o de poca vitalidad y les convenga ofrecer un aspecto más dinámico y juvenil, siempre que así lo aconseje el perfil de opositor ideal que se busca.

- Las **ropas más clásicas** dan un aspecto más tradicional, maduro y conformista. Éstas son adecuadas si al opositor le es necesario ofrecer un aspecto de más edad o si le conviene suavizar su aspecto en caso de que de forma natural lo tenga duro y agresivo.

- Las ropas de **tejidos blandos** dan un aspecto más dulce y sensible.

- Las ropas de **tejidos duros** dan un aspecto más agresivo.

- La **camisa** en los **hombres** es conveniente si se quiere dulcificar el aspecto, dar un aire más blando, cómodo y maduro.

- Las **camisas** en la **mujeres** resaltan un poco su condición masculina, sin llegar a endurecerla o masculinizarla tanto como una chaqueta. Se encuentran en el intermedio entre un suéter y una chaqueta. Le pueden dar un aire maduro juvenil y femenino ligeramente. En caso de chicas con poca presencia femenina no es la ropa adecuada, ya que les quita feminidad.

- Los **suéteres** en el **hombre** le dan un aire más juvenil. Esto es bueno en aquellos que quieran aparentar más juventud y un carácter más dinámico.

- Los **suéteres** en las **mujeres**, dependiendo de su color y forma, si le está o no ajustado, puede resaltar su aspecto juvenil o su condición de feminidad, depende de lo que se quiera conseguir. Pero siempre le da un aspecto más juvenil.

- Como **norma general**, se puede decir que la ropa blanda, de punto algodón, etc., dan un aspecto juvenil, de proximidad, carnal.

- Mientras que la **ropa de sastre** da un aspecto de madurez, de cierta distancia, de control, de intelectualidad.

- **En caso de las mujeres**, el suéter enseñando los hombros, esto es, enseñando una parte del cuerpo muy expresiva, tendremos en cuenta la naturaleza de la oposición a la que estamos aspirando. Pero como norma general diremos que enseñar los hombros puede beneficiar a aquellas chicas, muy jóvenes o que no tengan un aspecto femenino muy acusado y, por consiguiente, den un aspecto demasiado joven o aniñado. En este caso, enseñar discretamente y de manera adecuada los hombros puede aportarle una apariencia de más edad, de más feminidad.

- Ropas que permiten **enseñar** carne en la mujer en general se han de usar de manera muy discreta y comedida, y siempre en aquellas personas que necesiten aparentar más edad y madurez.

- Las ropas que **ocultan** carne en las mujeres. Éstas solo están indicadas en aquellas mujeres que tienen un cuerpo de proporciones generosas siendo alta su feminidad, por lo que han de llevar cuidado en no caer en la tentación de exhibirlo, ni siquiera por descuido, ya que esto produciría en el tribunal ideas equivocadas sobre la aspirante y concentraría su atención en aspectos que no benefician a la opositora. Si la ropa oculta el cuerpo de la mujer de manera exagerada, poco natural y sin que exista una abundancia corporal que lo aconseje, va a producir en el tribunal la idea de un opositor inseguro, que no acepta su cuerpo y, en consecuencia, de gran inmadurez.

- Las **ropas ceñidas** en los **hombres** van a dar un aspecto inmaduro, de Tarzán de barrio, exhibicionista, etc., por lo que se las han de evitar.

- Las **ropas ceñidas** en las **mujeres** van a producir el efecto parecido al que produce en los hombres: provocación, inmadurez, etc.

- Las **ropas amplias** en los **hombres** son más convenientes que las ajustadas, aunque lo ideal sería una ropa intermedia, que dé un aspecto maduro y con la que se pudiera ir a trabajar no diariamente, sino un día que después tenemos una comida con los compañeros. No olvidemos que el examen es un situación especial, que entre otras cosas se ritualiza con el vestuario, tanto por parte del tribunal como consecuentemente ha de ser por el opositor.

- Las **ropas amplias** en las **mujeres**, es válido todo lo que acabamos de decir en el apartado anterior.

- **La falda**. En caso de utilizarla ésta ha de ser comedida, que no distraiga al tribunal y que la opositora se sienta cómoda con ella y muy importante que sea suficiente, de manera que la opositora no tenga que estar continuamente estirando de una tela que no da más de sí. Una falda que le resulte agradable a los miembros masculinos pero también a los miembros femeninos del tribunal. Evitarán usarla aquellas mujeres de feminidad abundante y sería conveniente su uso en aquellas mujeres de poco tamaño y de aspecto poco femenino. También se ha de tener en cuenta la naturaleza de la oposición a la que se aspira.

- El **pantalón** en las **mujeres**. En este apartado es prácticamente aplicable todo lo expuesto en el apartado anterior. El pantalón masculiniza un poco la imagen de la mujer en caso de pantalón de vestir, en caso de pantalón vaquero, la masculinización o el aumento de la sensualidad es mucho más notable, por lo que se ha de llevar cuidado con él.

- **Pantalón ceñido** en la **mujer**. Ya sea vaqueros o mallas, éstos dan un aspecto demasiado desenfadado y sensual, por lo que se ha de evitar salvo que la oposición sea para bailarina o similar.

- El **pantalón cortito**, en el hombre y en la mujer, se desaconseja decididamente en ambos casos y en especial en el de los hombres.

- La **falda corta**, en caso de que sea aconsejable una falda, ésta no ha de ser muy corta, sino suficiente y cómoda, valorando así mismo que favorezca a la mujer, es decir, que sea un poco delgada y con la pierna no muy cierta.

- La **minifalda** se desaconseja en todos los casos, se utiliza después de aprobar para ir a bailar a celebrar la oposición.

- La **falda pantalón**. Este es un recurso bastante adecuado. Se le suman al mismo varias ventajas, depone menos del tipo de la chica, es cómodo, le puede caer bien a los miembros masculinos y femeninos del tribunal. Da feminidad de manera funcional.

- La **camiseta corta** enseñando el ombligo en la mujer se desaconseja de forma definitiva.

Los colores de la ropa

 Éstos juegan un papel de gran importancia a la hora de modificar el aspecto que da el opositor ante el tribunal y en su acercamiento al perfil ideal de opositor que busca el tribunal.

Como en todos los casos se ha de hacer un estudio individual con cada sujeto, no obstante, vamos a intentar dar unas normas generales que sirvan para que cada opositor haga la mejor elección en cuanto a los colores de las prendas con las que se viste.

- Como **norma general** es imprescindible huir de las estridencias.

- Los **colores calientes**: rojo, malva, amarillo, etc., van a dar luz al que los porta, aspecto juvenil y dinámico.

- Los **colores fríos**: azul, gris, verde, van a dar al que los porta un aire más tranquilo, menos pasional.

- Los **colores pasteles** van a dar un aspecto de madurez y de equilibrio.

- Los **grises y tonos** de negro van a dar un aspecto de seriedad y autocontrol.

El pelo

También procede un estudio individualizado, no obstante, vamos a exponer los siguientes principios:

El pelo se ha de llevar siempre cuidado, limpio y sin llegar a extremos en su longitud ni por corto ni por largo.

- El **pelo excesivamente corto** endurece las facciones, aunque en algunos casos las pueda volver hermosas, pero la belleza es otro tema que no nos interesa en este momento. Lo que procede es dar la idea de perfil de opositor que busca el tribunal. El pelo corto solo se aconsejaría en el caso de una persona de mucha edad para una oposición en la que lo ideal es dar el aspecto de más joven.

- El **pelo demasiado largo** añade una incógnita y da aspecto de desordenado y de rebeldía, por lo que se ha de evitar.

- Se tenderá a llevar un **pelo mediano**, modificado con el aspecto de largo corto que queramos y necesitemos aportar.

- Estas **premisas** se han de adaptar a la mujer, en la que todo lo dicho para los hombres es válido pero aumentando en varios dedos la longitud del pelo para las mujeres sobre las dimensiones aconsejadas para los hombres.

- En las **mujeres** es más problemático el pelo corto que el largo.

  - En caso de que la mujer lleve el **pelo corto** ha de buscar forma de feminizar y suavizar la imagen, con vestuario femenino, maquillaje, uso de gafas, uso de joyas, etc.

  - En el caso de que la mujer lleve el **pelo largo** ha de estudiar si dejarlo suelto o recogerlo. Suelto aumenta el aire de feminidad sensual, sobre este tema ya se ha de llevar cuidado como hemos dicho anteriormente. A las chicas con poca presencia femenina les puede venir bien una moderada melena.

  - Las chicas con **gran presencia** femenina han de llevar cuidado y no llevar la melena suelta en caso de tener el pelo largo se lo han de recoger de manera que den un aspecto maduro, pero no sensual.

Los útiles

Nos vamos a referir en este apartado a todos aquellos elementos que puede utilizar el opositor en el ejercicio o en el adorno personal.

Entre estos útiles vamos a analizar de forma detenida los siguientes que son de uso más común, teniendo en cuenta que los que aquí se dice son apuntes de tipo general, y que como en todos los temas tratados en este capítulo el opositor tendría que hacer un estudio detenido de su aspecto y realizar una elección personalizada de estos útiles con el fin de aproximarse lo más posible a la imagen que le interesa dar y que más se aproxime al opositor ideal que busca el tribunal.

Las gafas

Éstas tanto en el caso de las chicas como en el de los chicos dulcifican los gestos de la cara y ablandan la mirada. Por lo que están muy indicados en aquellas personas que tienen un gesto duro o agresivo.

Así mismo dan un aspecto intelectual de erudición, por lo que están indicados en aquellos que no dan este aspecto de madurez y de conocimiento. Sin embargo, las han de evitar aquellos que ya tengan este aspecto o los que tengan un aspecto de excesiva debilidad, que podría estar muy próximo a la fragilidad o falta de carácter, y si en estos casos no se puede prescindir de ellas, las gafas tendrán de ser gruesas de concha oscura que refuercen de alguna manera este carácter, y si es que se quieren suavizar las gafas, han de ser livianas en su montura que en la actualidad se llaman de montura al aire.

El portafolios, su naturaleza y tipos

 Como norma general, el portafolios aporta un carácter de madurez, adultez y profesionalidad, indica oficio y preparación. El material del que éste esté confeccionado matiza e intensifica o debilita este carácter anteriormente dicho, de manera que los materiales tradicionales o clásicos como el cuero y sus imitaciones le van a reforzar su carácter de madurez y sensatez, y los materiales modernos como los plásticos, maderas, chapas o mixtos le van a restar carácter de madurez.

Así mismo en cuanto a la línea clásica o moderna de los portafolios va a venir a confirmar lo anteriormente expuesto.

El bolso de las chicas

Como norma general es de aplicación lo dicho en el apartado anterior de los portafolios. Pero podemos añadir algunas normas generales sobre estos útiles.

Se han de usar bolsos funcionales, no excesivamente vistosos, que tengan una aplicación clara para el trabajo al que se aspira. En este caso el bolso vendría a sustituir el maletín. En ningún momento se ha de utilizar un bolso de paseo, muy diminuto, lo que daría una aspecto de coquetería y de no saber estar y para qué se está en esa situación.

Tampoco se ha de utilizar un bolso tremendamente grande, como un bolso de excursión de fin de semana, en los que es imposible encontrar de forma rápida nada.

Sino que se ha de utilizar un **bolso mediano**, un bolso bien organizado interna y externamente, que permita llevar documentos, es decir, un bolso de trabajo adaptado al trabajo que se espera desempeñar.

El **material** del que esté confeccionado el bolso va a tener el mismo valor que lo expuesto en el caso de los maletines, por lo que si una persona tiene un aspecto inmaduro elegirá materiales y corte más clásico, y materiales más modernos en el caso de que tenga un aspecto excesivamente pusilánime, de persona excesivamente mayor para el trabajo al que aspira.

El bolso de mano en los chicos

Este es un artilugio que sin duda es cómodo y gusta a muchas personas, pero que desde nuestro punto de vista es inapropiado en el transcurso de una oposición. Ya que es más práctico el uso de un maletín antes que este bolso, y la presencia y uso de los dos elementos, maletín y bolso de mano, se hace bastante incompatible y algo ridículo.

El bolso de mano en los hombres trasmite la idea de un hombre al que le molesta llevar cosas en los bolsillos, por lo que se intuye que cuida su ropa y que ésta tiende a ser algo estrecha, que necesita ocupar sus manos con el bolso. Pero sobre todo el problema mayor es su incompatibilidad simultánea con el maletín. Nunca se ha de usar en los hombres este bolso de mano y no el maletín, ya que estaríamos diciendo: "Necesito un objeto para llevar mis artículos personales, pero no un maletín, ya que mis artículos personales son tan poco cultos que no necesito llevar en ellos ningún libro ni apunte ni ordenador personal".

Tradicionalmente los médicos han llevado maletín, mientras que los antiguos ATS, los practicantes, tan solo llevaban un bolso de mano.

Las mochilas

 Las desaconsejamos expresamente aun en el caso de que fuera una oposición a profesores de educación física o similar. De manera especial en aquellas partes teóricas de la oposición, pudiendo ser usadas en aquellas oposiciones que tienen una parte práctica y solo en el transcurso de esta parte práctica.

Las carpetas y libros en las manos

Dan una impresión de estudiante y, en consecuencia, de una persona que está en su período de formación o recién acabada por lo que de alguna manera se está presentando ante el tribunal como una persona inmadura y que todavía tiene que seguir trabajando y estudiando hasta conseguir la madurez que busca el tribunal. Por lo que desaconsejamos este recurso, cuya única ventaja es que el tribunal pueda ver los libros que lleva el opositor.

Los bolígrafos y su utilidad

Los bolígrafos son una de las herramientas más preciadas para un opositor, para un intelectual. Por lo tanto, éstos han de ser cuidados y de calidad, sin por ello dejar de ser cómodos, prácticos. Es decir, que faciliten el trabajo, pero no elementos de ostentación. No se han de llevar en las manos como si se fuera un estudiante de último curso de carrera, que va de una clase a otra con los libros y los útiles de su profesión en las manos. No olvidemos que al buen profesional antes que conocerlo por su trabajo, antes de comenzar éste, lo conocemos por sus herramientas.

Los teléfonos móviles

Están absolutamente descartados, aunque tengamos la tentación de enseñarlos para que el tribunal vea lo buenos que son. Suprimirlos.

Abanicos

Éstos quedan absolutamente descartados, aunque se soporte mucho calor. Tan solo se pueden usar cuando no se esté en presencia del tribunal y llevar cuidado de manera que no le frivolice la figura ni le aporte un aire de relajación.

3.2.4. Las citas: su importancia, tipos, cómo realizarlas, qué impresión producen en el tribunal

En el uso de las citas, uno de los recursos que mejores resultados pueden ofrecer al opositor consiste sencillamente en citar a los determinados autores de relevancia y sobrado prestigio en relación con el tema que estemos exponiendo.

Los mecanismos de las citas, su posible adaptación, la búsqueda de las mismas, el momento en el que se han de usar, etc., lo veremos a continuación.

Lo que vamos a ver en primer lugar son los beneficios que las citas pueden aportar a la persona que las utiliza.

Del uso de las citas podemos esperar los siguientes beneficios:

Personalizan la exposición del opositor, presentándola como algo distinto al resto de los opositores, ya que esta estrategia es puramente individual y no se trabaja en las academias

Realzan el intelecto del opositor, ya que lo presentan como una persona con gran información

Realzan la cultura del opositor al presentarlo como una persona que tiene vastos conocimientos

Captan la atención, presentando una información diferente a la que presenta el resto de opositores

Anticipan un contenido de calidad

Cuándo usar las citas

Existen momentos en los que es especialmente adecuado el uso de las citas y éstos son los momentos estratégicos de la exposición, como son:

En la introducción

En la conclusión, al final

En la **introducción** sirven para captar la atención del tribunal y crear unas muy buenas expectativas de lo que se va a escuchar, predisponiendo de forma favorable al tribunal respecto a la exposición.

Estas citas iniciales tienen el objetivo de captar la atención, y si están bien construidas y seleccionadas, inclinan poderosamente la atención del tribunal hacia el opositor.

Qué tipo de citas utilizar

Podemos distinguir varios tipos de citas o referencias:

Las de pensamiento	Destinadas a manifestar una proximidad en la opinión que nos acerque y gane el juicio del tribunal. En éstas, se ha de llevar cuidado si es que existen en el tribunal distintas opiniones, de distintas escuelas y están enfrentadas. En este caso, será conveniente no entrar en ellas y, en caso de hacerlo, intentar distinguir quiénes son los líderes del tribunal, para acercarse a la teoría de éstos aunque mostrando tolerancia respecto a las otras.
Las de acercamiento	Destinadas a que el tribunal reconozca determinados elementos que les haga reconocerse y por consiguiente aproximarse al opositor. Son las citas a lugares, a profesiones, a tradiciones, a juegos populares, etc., que se van a utilizar a modo de ejemplos, entre otros, que no comprometen.

En caso de no distinguir a quiénes son los líderes, es conveniente no posicionarse en cuanto a opiniones y, en caso de tener que expresar la opinión, referirse a todas.

Cómo han de ser las citas

- **Breves.** Como pequeñas pinceladas, apenas sin importancia, que solo distingue la persona hacia la que va dirigida.

- **No directas.** Se introducen en un contexto en el que se disimulan.

- **Camufladas.** Entre otras opiniones y siempre justificadas por los fines del tema que se está exponiendo y lo que se quiere demostrar respecto a este tema.

- **No excesivas.** Utilizadas de forma muy comedida, teniendo siempre la sensación de estar utilizando menos de las posibles.

- **Que parezcan espontáneas**

Cómo utilizar las citas y dónde

Entre ellas vamos a distinguir:

	Definición	Ejemplo
Particulares	Son aquellas que están construidas por especialidades, no se puedan utilizar de forma universal, sino en determinados temas o en determinadas partes de algunos temas, objetivos, evaluación, etc.	"...en lo referente a la evaluación de este contenido en especial podemos tener en cuenta..."
Universales	Son aquellas que se pueden utilizar en cualquier tema, en cualquier introducción, en cualquier despedida, etc.	"Podemos iniciar la exposición de este tema, como se dice en tal lugar (citar el lugar de donde es el tribunal)..."

Las citas cultas

Son aquellas que hacen referencia a autores conocidos y famosos que constituyen una autoridad en lo referente al tema que se está exponiendo. Entre ellas vamos a distinguir de tres naturalezas:

historia	literatura	filosofía

No es necesario elaborar citas para cada uno de los temas que constituye el temario, tan solo es conveniente contar con dos citas de historia, dos de literatura y dos de filosofía, que tengan una naturaleza lo más universal posible, de manera que puedan ser utilizadas en cualquiera de los temas del temario.

Dónde colocarlas

Al igual que en las citas construidas, las cultas se pueden poner al principio y final. Las del principio para captar la atención del tribunal y las del final para cerrar el tema a modo de conclusión, dejando la mejor huella posible en el tribunal.

De dónde obtener estas citas

Existen libros de citas de personajes famosos.

Así mismo se puede recurrir a revistas de tipo de divulgación pseudocientífica, las cuales suelen llevar páginas referidas a citas de pensamiento de autores famosos.

En caso de no encontrar citas de autores famosos en las que específicamente se haga referencia al tema concreto de nuestra oposición, se puede utilizar frases o citas de autores famosos, interpretarlas en el sentido que nos interesa y explicar al tribunal por qué hacemos esa interpretación.

Ejemplos de citas

1. En una oposición de Educación física: *los juegos y tradiciones populares no solo tienen un componente deportivo, sino que mantienen las tradiciones de las diferentes culturas, como es el caso de X* (citar un deporte autóctono de la zona de la que es oriundo alguno de los miembros del tribunal).

2. En una oposición de Música: *las danzas populares recogen y sintetizan la idiosincrasia de los pueblos como es evidente en el caso de la Sardana* (si el tribunal es catalán) *en la que se observa el carácter de grupo, de solidaridad, etc.*

En la conclusión final las citas cumplen la función de cerrar la exposición con la fuerza del autor de la cita, dejando un excelente sabor de boca en el tribunal. En definitiva, resumen la última idea, la más general que el tribunal guarde de mi exposición, en ella se resumen toda mi filosofía y mis valores y es el estandarte de mi condición y preparación para el cargo al que opto.

Ejemplo

Un alumno está exponiendo un tema que lleva por título Salud y Educación física:

"...como conclusión y resumen de mi pensamiento respecto al tema que acabo de exponer, quiero citar a Miguel de Cervantes, cuando su Quijote, dirigiéndose a su escudero Sancho, le dice: Cuídate amigo Sancho de procurarte la salud antes que la diversión o la riqueza, que la salud sea tu dueña, y deja que ella mande en el cuerpo y en sus labores, que sin salud de nada valen ni los pleitos ni los chances...".

Con lo que Cervantes nos viene a decir de manera notable cómo ha de favorecer la actividad física a la salud.

3.3. Qué hacer cuando la defensa no es inmediata al examen escrito

Esta situación es bastante frecuente en mudos exámenes de oposiciones. Se trata de que un día de forma colectiva realizas un examen más o menos común para todos los opositores, y este examen queda en propiedad del tribunal, de manera que posteriormente el opositor se presenta ante el tribunal a requerimiento de este y procede a la lectura del examen escrito que el día o los días anteriores había escrito.

En otras ocasiones se escribe el examen en una sala contigua y después el opositor es llamado por el tribunal para proceder a la lectura del mismo con o sin defensa, con o sin preguntas por parte del tribunal sobre la materia leída.

 **De una u otra forma el tribunal no suele leer el ejercicio del aspirante, sino que el único conocimiento que tiene de éste es a través de la lectura que del mismo hace el opositor, es decir, a través del opositor, de la voz del opositor, de su lenguaje verbal, de su paralenguaje y de su lenguaje no verbal.**

Y ni siquiera cuando ha salido el opositor de la sala, el tribunal lee el ejercicio, a lo sumo si algún miembro del tribunal pide el ejercicio, es tan solo para echarle un rápido vistazo, para ver la letra o la presentación, pero es más bien un formalismo, una forma de confirmar las intuiciones que ya ha elaborado sobre el opositor.

El juicio, la valoración que el tribunal hace del opositor lo hace a través de la exposición que realiza fundamentalmente a través de la lectura, es decir, a través de la voz.

De esto podemos inducir sin temor a equivocarnos que la voz y sus matices, los recursos orales para la lectura, la entonación, las pausa, etc., van a tener una gran importancia para favorecer que el tribunal se haga la mejor valoración de lo que está oyendo.

Todos estaremos de acuerdo que un mismo texto, leído mal, es decir, en un estado de nervios considerable, sin realizar las pausas en sus lugares precisos, sin entonar las frases y oraciones convenientemente, etc., va a perder tanto que en algunos casos se convertirá en una lectura casi incomprensible y absurda. Este es uno de los recursos que se utilizan en la comedia para conseguir la risa y todos podemos recordar a los cómicos que los utilizan y coincidir que funciona de forma muy brillante.

Sin embargo, una buena lectura, con el tono de voz adecuado, las entonaciones y las frases convenientemente hechas, las pausas, etc., en la que enfaticemos de forma verbal aquellos elementos que queramos resaltar, etc., va a contribuir a una mejor comprensión del contenido de la exposición, nos va a parecer más brillantes, vamos a estar más de acuerdo con ella y nos va a parecer mucho más madura y vamos a tender a atribuirle mayores conocimientos, experiencia y madurez.

Para confirmar esto tan solo hemos de recordar a los políticos brillantes, cómo haciendo uso de estos recursos seducen a sus audiencias y son tan convincentes que parecen sinceros, honestos e inequívocos los planteamientos que nos formulan, así como ineludibles, las soluciones que nos proponen.

Con lo que concluimos que hemos de aprender a utilizar de la mejor manera posible nuestros recursos de paralenguaje, es decir, de los valores musicales de nuestra lengua hablada, para sacar de ellos el mejor rendimiento posible.

Expondremos algunos recursos fáciles de paralenguaje, de manera que si el opositor los aprende y practica de forma regular podrá obtener de ellos un grandísimo beneficio.

Así mismo vamos a explicar en este capítulo a cómo proceder en el entrenamiento del paralenguaje para la preparación de los exámenes leídos. Advertimos al opositor, que la práctica semanal de estos recursos que se exponen en el presente libro le proporcionará precisos beneficios, que pueden significar sencillamente la diferencia entre aprobar y suspender.

De otra manera, si el opositor desprecia estos recursos, estará cerrándose a importantes recursos y lo único que conseguirá será mostrarse ante el tribunal como un sujeto lleno de nervios e inseguridades, inmaduro, ya que si el lenguaje no verbal y el paralenguaje no se entrenan, lejos de camuflarnos, lo que hacen es mostrar a los otros, en este caso al tribunal, lo que realmente está pasando dentro del opositor. Y quiera o no, lo que va a estar pasando dentro de él es miedo, temor a suspender, etc.

3.4. Recursos del paralenguaje. El uso de la voz

Descenso de glotis

La técnica consiste en relajar la glotis, de forma que descienda mínimamente. Esto favorece a la aparición de los armónicos y permite que la voz adquiera una calidad y expresividad superiores, que transmite seguridad, confianza, que inspire conocimiento, etc.

La relajación no es lo mismo que la falta de tono, ni el desmayo, ni la sedación.

En el descenso de glotis se da el tono muscular justo, preciso, no excesivo. La relajación significa no-crispación. Se consigue mediante la postura adecuada y muy especialmente mediante la relajación de la laringe para lo cual el opositor se ha de acostumbrar a aprender a realizar dos recursos:

El bostezo interior

Consiste en bostezar sin abrir la boca, de esta manera que relajamos la glotis y la laringe sin que demos la sensación de aburrimiento o de falta de motivación.

El trozo de manzana

Consiste en imaginarse que hemos dado a una imaginaria manzana un buen bocado y sin masticarlo pretendemos tragarlo, de manera que al imaginarse estas sensaciones de que el trozo de manzana va entrando en nuestra faringe y esófago, éste va a ir dilatando nuestra laringe y, en consecuencia, relajando nuestras cuerdas vocales.

Relajar la glotis no consiste en descender del todo nuestro tono de voz habitual, sino en hablar con nuestro tono natural sin subirlo, ya que el problema consiste en que cuando estamos nerviosos, generamos adrenalina y ésta contrae nuestra musculatura, de manera que lo que ocurre cuando estamos nerviosos es que nuestro tono normal de voz se eleva, por lo que si aprendemos a relajarlo conseguiremos hablar en nuestro tono natural y de esta forma trasmitir tranquilidad, madurez, dominio de la situación, etc. Es como si habláramos con la voz que hablamos un rato después de habernos levantado de la cama en un día en el que nos encontramos felices y optimistas.

Este recurso no es necesario mantenerlo durante toda la exposición, basta con mantenerlo los primeros dos o tres minutos y el tribunal no distinguirá cuando cambia nuestra voz, ya que seguirá oyendo siempre la voz primera.

Éste es un recurso que produce un muy buen efecto y de gran eficacia, pero para ello el opositor deberá practicarlo en todas sus exposiciones semanales, de esta manera le será natural realizarlo, de no ser así, si tan solo lo intenta el último día o el día del examen, no lo conseguirá, añadirá a la situación un nuevo estrés y se pondrá más nervioso. Si opta por no hacer nada, ya que considera este recurso insignificante y despreciable por su poca eficacia, lo único que conseguirá será presentarse ante el tribunal con una voz atiplada y nerviosa que le denuncie como una persona inmadura, nerviosa e inexperta, no merecedora de ocupar la responsabilidad que el tribunal quiere darle.

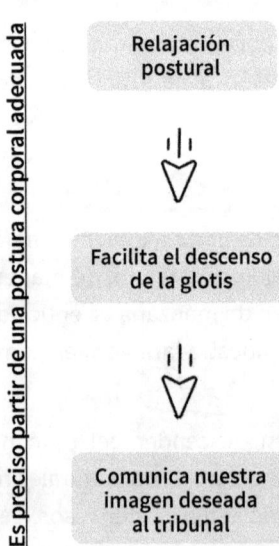

Es preciso partir de una postura corporal adecuada

Relajación postural

Facilita el descenso de la glotis

Comunica nuestra imagen deseada al tribunal

Se consigue:

Tronco inclinado hacia delante

Verticalidad de la columna de aire

Cabeza vertical y libre

Mandíbula relajada

Sentir la vibración en la base de la glotis

Cambios de tonos

Nos estamos refiriendo a utilizar de forma correcta la entonación en castellano. La **entonación** es la línea melódica, musical que acompaña a la frase.

Esta línea musical, llamada fonema no es un capricho. Se da en todas las lenguas y tiene una función esencial y es la de hacer comprensible el mensaje a los oyentes, hacerles atractivo el texto, etc.

Hemos de tener en cuenta que estamos leyendo un texto. La voz escrita es muy diferente a la voz hablada. La voz escrita es más lenta, el lector puede repetir y volver atrás cuantas veces quiera, releer, lo que no ocurre en la voz hablada, no podemos estar repitiendo lo ya leído de manera permanente. El oyente no dice que volvamos a la página anterior, todo es más fugaz, irrepetible, con lo cual hemos de ser mucho más precisos, de manera que todo quede claro en el instante e hilvanado con las ideas anteriores que nos interese unir.

Mediante la entonación estamos diciendo al que nos escucha que este concepto no ha terminado, que se seguirá ampliando o que este concepto ha terminado, que vamos a exponer una idea nueva que tiene relación con otro aspecto distinto de la idea anterior o que no tiene que ver con la idea anterior. Y para ello en el mensaje escrito utilizamos las comas, los puntos y seguidos, los puntos y aparte, etc., de manera que cuando el lector ve un punto y aparte sabe y se prepara mentalmente a que la idea que va a continuación no tiene relación con la anterior y así sucesivamente.

Los cómicos utilizan como recurso que un personaje exponga su texto sin realizar pausas en las comas o haciendo las comas en lugares distintos, o los puntos, etc. El resultado que se consigue es un texto conceptualmente roto y, en consecuencia, incomprensible, así como una idea de tonto o confundido del personaje que lo expone.

Lo mismo puede ocurrir con nosotros si no somos capaces de transformar adecuadamente lo escrito en verbal al hacer nuestra lectura, es decir, que demos la misma imagen anterior.

Por todo esto es imprescindible que aprendamos la entonación en castellano y nos entrenemos en su correcto uso. De esta manera, aunque en la redacción escrita del examen hayamos cometido errores, los podremos enmendar en la lectura variando la entonación al leerlos.

En castellano existen tonos fundamentales que son:

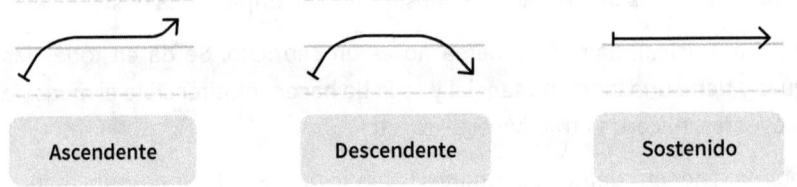

| Ascendente | Descendente | Sostenido |

Combinar adecuadamente las tres líneas melódicas básicas, creando un ritmo y una fluidez en la exposición, la hace atractiva e indica y facilita al oyente la comprensión de los conceptos, de manera que le resultan más brillantes y adecuados.

La idea continúa. La idea ha terminado o no, si hay o no pausa detrás.

Normas de entonación en castellano:

Una única oración enunciativa lleva el siguiente fonema:

Una sucesión de oraciones coordinadas, yuxtapuestas o subordinadas obedece a las siguientes reglas:

- En la **primera**, el fonema es siempre **ascendente**.

- En la **última**, es siempre **descendente**.

- En la de **en medio** se van **alternando**, ascendente y descendente.

- En la penúltima siempre es ascendente, aunque coincida con la anterior, de manera que contraste con la última que siempre es descendente y así remarca el carácter de terminación del concepto.

Tono enfático

Este recurso es de gran eficacia y muy fácil. Es como si subrayáramos determinadas palabras o conceptos, destacándolos del texto, remarcándolos, señalándolos de entre los demás.

Nos sirve para:

Mantener la atención del tribunal

Hacerle más comprensible la exposición

Contribuir a ordenarle la materia indicándole lo que es más importante

Resaltar determinados conceptos en los que queremos que repare el tribunal

Que el tribunal tenga conciencia de que nosotros distinguimos y valoramos esos conceptos

Crear diferentes relieves en la exposición

Facilitarle la percepción del esquema al que obedece el tema que estamos exponiendo

Le vamos a transmitir mediante este recurso nuestra madurez en los conceptos, nuestro dominio de la materia y nuestra madurez personal

Procedimiento

La frase natural consta de tres periodos: preparación, énfasis y distensión.

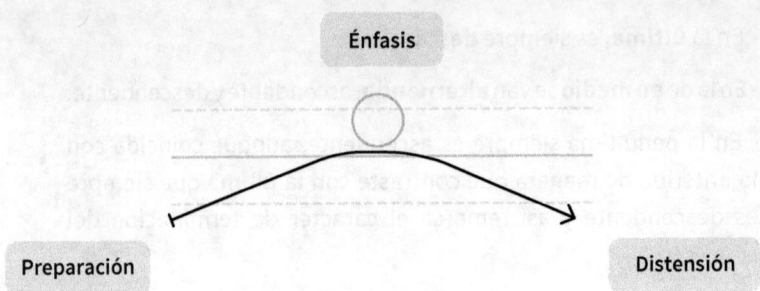

Cómo se consigue el énfasis

El énfasis es distinto de la entonación, de no ser así todas las frases tendrían carácter de enunciativas.

El énfasis se consigue con un aumento de tensión y una ligerísima pausa anterior a la palabra a enfatizar, un mínimo silabeo de la palabra a enfatizar y un posterior aumento de la velocidad después de la palabra a enfatizar. Ha de coincidir con la silaba tónica de la palabra que queremos enfatizar.

Puede y debe coincidir con un mínimo cambio postural que la remarca y le da convicción.

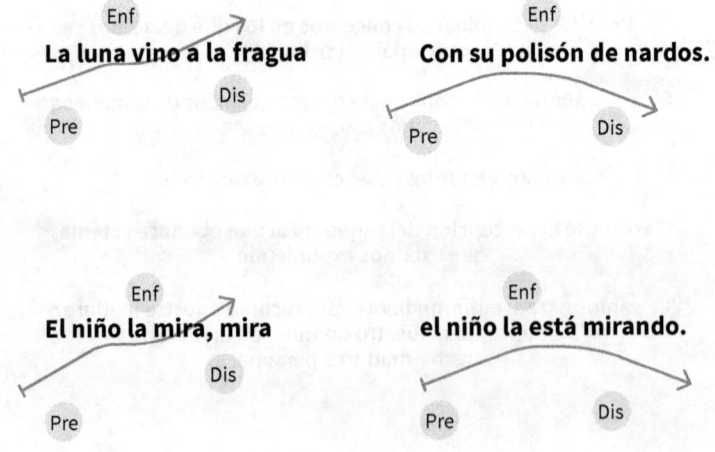

Tipos de entonaciones enfáticas:

Según la existencia o ausencia de estas fases, así como su ordenación, conseguimos distintos tipos de frases con diferentes significados. Es decir, mediante la entonación enfática estaremos resaltando distintas palabras y, en consecuencia, dándole especial significando a la frase y a nuestro pensamiento en función del significado de la palabra concreta que enfaticemos:duras, blandas, explosivas, enérgicas, etc.

Interrogaciones

Se utilizan para llevar la atención del tribunal sobre determinadas frases o cuestiones. Se utilizan también para construir períodos. Consiste sencillamente en formularse preguntas, sin esperar una gran pausa posterior, lo que podría resultar embarazoso. Sin duda, este sencillo recurso va a resultar muy eficaz, ya que exalta la capacidad de reflexión del opositor, capta la atención del tribunal y es un elemento que rompe la monotonía de las exposiciones. Su esquema de fonema sería el siguiente:

Cambios de velocidad

Éste es un recurso muy sencillo pero de gran eficacia y que nos sirve para los fines que tantas veces hemos expuesto: captar la atención, romper la monotonía, dirigir la atención del tribunal sobre un determinado pasaje, etc., o distraer la atención del tribunal sobre un pasaje del que no estamos muy satisfechos y no queremos que repare en él de manera especial.

Consiste en ir aumentando o disminuyendo la figura temporal en la que trabajamos, consiguiendo crear períodos y focalizar la atención del tribunal, enfatizar y resaltar los mensajes que nos interesan, dándole relieve a la exposición. Sencillamente por momentos leer ligerísimamente más rápido o ligerísimamente más lento, de manera que coincida con los ritmos naturales de las frases, no con la mitad de un período.

Es imprescindible ejercitarse en este recurso así como en todos los demás.

Volumen adecuado

El volumen ha de ser el justo, más bien fuerte, sin llegar a parecer agresivo o atemorizado. Es conveniente imaginarse que el tribunal está al doble de distancia de la que se encuentra, para de este modo elevar el doble la voz, que en esta situación se desvanece.

Cambios de volumen

Los cambios de volumen dan relieve a la exposición, crean períodos de atención, focalizan, enfatizan.

Se trata de aumentar o disminuir de manera muy discreta el volumen de lectura, pero siempre coincidiendo con períodos naturales, nunca de manera caprichosa.

 Aunque es un recurso fácil, es imprescindible entrenarse semanalmente en éste y en todos los recursos, dominándolos de esta manera y consiguiendo sentirnos naturales utilizándolos.

Dicción natural o dicción forzada, ventajas e inconvenientes

La dicción ha de ser natural, aunque cuidada, ni relamida ni forzada ni artificial.

La dicción no ha de ser excesivamente relajada ni popular ni dialectal.

Si es natural, espontánea pero culta y cuidada.

Silencios

La **pausa** es la ausencia natural de emisión que hay entre una palabra y la otra.

El **silencio** es una pausa de mayor duración y tiene intención expresiva. Los silencios son elementos del ritmo, focalizan, crean expectación, crean períodos en la atención.

Hay que evitar el abuso, ya que podría interpretarse como indecisión, ausencia de conocimiento, de memoria, etc.

Debemos tender a los **silencios activos y expresivos**.

Respiración relajada

Tomando aire con el diafragma, de forma rítmica y natural.

Plantilla para el control de los recursos verbales. Su importancia

Con el objeto de que el trabajo que hacemos sea sistemático y no un mero espejismo, y un cúmulo de deseos, es conveniente que el opositor entrene a alguien de su confianza en distinguir aquellos recursos de voz que quiere conseguir, de manera que el opositor exponga semanalmente los temas ante su colaborador y éste pueda efectuarle un seguimiento y evaluación objetiva de los recursos que consigue incorporar el opositor y de esta manera tenga conciencia de su evolución y de aquellos aspectos en los que ha de seguir progresando para conseguirle dominio del objetivo propuesto.

Para esto, el colaborador utilizará la plantilla siguiente en cada una de las exposiciones que presencia del opositor, descargando en ella sus observaciones y comentándolo después con el opositor.

Día	Lun	Mar	Mié	Jue	Vie	Sáb	Dom
Cualidad a observar							
Descensos de glotis							
Cambios de tonos							
Interrogaciones							
Cambios de velocidad							
Volumen adecuado							
Dicción natural							
Dicción forzada							
Silencios							
Relajación postural							
Respiración relajada							
Tono enfático							
Cambios enfáticos							

Cómo usar y entrenar todos estos recursos para la lectura del examen escrito en otra ocasión

Lo más habitual es que un día el alumno realice, con todos los otros opositores un examen escrito, que se queda el tribunal e introduce en un sobre que cierran, con el nombre del opositor, y unos pocos días después el opositor sea citado y en presencia de éste se abra el sobre procediéndose en ese momento a la lectura del tema por parte del opositor.

Lo ideal sería que el opositor, en los días que media desde la escritura del examen a su lectura pudiera ensayar un número grande de lecturas del examen, de manera que cuando lo hiciera de forma real ante el tribunal, pudiera realizar una entonación correcta, cambios de velocidad y volumen, enfatizar, etc.

Pero esto es imposible ya que el examen se lo ha quedado el tribunal y es casi imposible que éste acceda a darnos una fotocopia del mismo.

 ¿Cómo proceder en este caso?
La solución es sencilla aunque trabajosa.

Se trata de que en el mismo momento en que se salga de haber escrito el examen y tras un mínimo descanso de unos cinco minutos, se proceda a la reescritura del examen, de la manera más fidedigna, que se parezca a una fotocopia del examen. Por esta razón, hacerlo en el período de tiempo más inmediato de manera que no se nos olvide ningún aspecto de lo que hemos escrito.

Se intentará reproducir el examen de la manera más fiel posible tanto en el número de folios que utilizamos como en la distribución de los contenidos en los folios y contenidos en general.

Se intentará realizar la reescritura en el mismo edificio donde se ha realizado el examen, en algún lugar recogido, no después de un período largo de tiempo que pueda suponer el desplazamiento en medios de transporte públicos que se da en una gran ciudad.

En caso de que no tengamos tiempo para rescribir todo el examen, porque cierren el edificio o por cualquier otro motivo, intentaremos hacer cuanto menos un esbozo real del examen, abriendo tantas hojas como tiene el original, colocando las preguntas en los lugares donde van situadas las reales, etc., de manera que una vez creada la estructura, posteriormente la vayamos rellenando.

Solo nos acostaremos después de haber escrito de forma precisa y en su totalidad el examen.

Al día siguiente estudiaremos la copia del examen que hemos confeccionado, decidiremos en una lenta y atenta lectura qué recurso de lenguaje vamos a utilizar en cada uno de los apartados del examen, escribiendo sobre el mismo con lápiz las líneas de entonación, las palabras a enfatizar, los párrafos en los que vamos a aumentar o ralentizar la velocidad, etc.

Posteriormente nos dedicaremos a ensayar con este texto una y otra vez, como si se tratara de un actor ensayando su texto de teatro.

Entre una lectura y otra se alternarán pequeños descansos, así como ligeros ejercicios de estiramientos que contribuyan a reducir nuestro cansancio y a controlar nuestras emociones.

3.5. Exposiciones orales ante el tribunal, con el uso del encerado u otro recurso de proyección audiovisual

En el presente capítulo vamos a tratar diferentes aspectos para mejorar las exposiciones de los temas cuando el opositor va a utilizar un encerado o diferentes recursos técnicos que puedan facilitar la exposición del tema.

Otra característica de este tipo de exposiciones es la de que el opositor suele permanecer de pie y por lo tanto expone gran parte de su cuerpo a la vista del tribunal, esta circunstancia le hace sentirse mucho más inseguro, por lo que suele tener más miedo, mayor inseguridad y suele, en consecuencia, cometer un número mayor de errores.

También en este tipo de exposiciones el opositor puede moverse por la sala, acercarse o alejarse al tribunal, así como acercarse o alejarse del encerado. Esta circunstancia contribuye decisivamente a exponerse mucho más ante el tribunal y de alguna manera el cuerpo es un fiel confidente que delata al opositor mostrándole al tribunal su estado de nervios, de ansiedad, su inseguridad, etc. Esto lo sabe el opositor, aunque no sea un especialista en lenguaje no verbal, y la consciencia de todo lo que está haciendo mal y que no controla ni sabe cómo hacerlo es una nueva fuente de inseguridad y miedo para el opositor.

En consecuencia, estas exposiciones suelen ser por lo general muy deficientes para casi la totalidad de los opositores, por lo que si conseguimos un mínimo entrenamiento y el opositor consigue controlar suficientemente algunas de las técnicas que a continuación exponemos, el grado de lucimiento que va a obtener, en comparación con el resto de opositores va a ser muy notable, así como la profunda huella de madurez y control que va a dejar en el tribunal.

Es ésta la gran importancia de la preparación en este apartado.

El uso de los recursos

El encerado u otro recurso de proyección audiovisual

Es conveniente el uso del encerado, así como el uso de otros recursos como puede ser el programa de presentaciones de Windows, Power Point, u otro similar, y lo que vamos a decir de uno de ellos es aplicable a todos.

Es conveniente el uso pero este uso ha de ser:

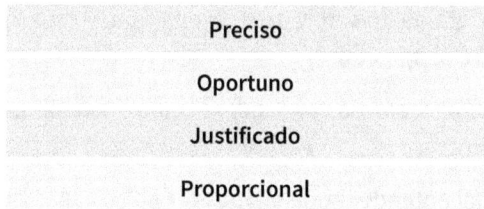

Preciso

Oportuno

Justificado

Proporcional

Exposiciones orales

La primera premisa que ha de tener en cuenta el opositor es pensar en el tiempo que se tiene y por tanto no preparar más material.

Un fallo muy común en la mayoría de opositores es querer contar un gran número de contenido en el tiempo que tiene para la exposición. Más que un gran número de contenidos el opositor quiere contarlo todos, demostrar al tribunal que sabe mucho, que tiene una gran información y de esta manera no tiene tiempo suficiente para exponerlo, convirtiéndose este proceder en una trampa en la que cae el opositor, su propia trampa. De manera que podemos decir que es el mismo opositor el que en muchos casos se suspende a sí mismo planteándose un objetivo imposible por pura física, como es el querer decir en un espacio reducido de tiempo un contenido para el que se necesita al menos diez veces el tiempo con el que se cuenta.

El tiempo de exposición del que se dispone

Si el opositor no se adapta al tiempo que tiene y quiere decir todo lo que sabe, va a ocurrir lo siguiente:

- Es imposible, por lo que fracasará.

- A pesar de no conseguirlo, tendrá que ir a una gran velocidad, que hará imposible su seguimiento por parte del tribunal.

- El tribunal ante la posibilidad de no poder seguir al opositor se desentenderá del mismo y de su exposición, y esto significa que suspenderá al opositor.

- Dará una idea de inmadurez tanto personal como de conocimientos.

- El tribunal entenderá que el opositor no es capaz de distinguir lo esencial de lo menos importante.

- Lo percibirá como desordenado, poco inteligente, impreciso, inmaduro e infantil.

- El opositor ante el inexorable paso del tiempo se irá sintiendo progresivamente más y más nervioso, con lo que sobre la marcha o por imperativo físico del tiempo se quedará a medio en su exposición, sin haber expuesto lo importante, con lo que transmitirá la idea de no tener conocimientos y de no merecer en consecuencia aprobar.

- Dará al tribunal un espectáculo patético y lamentable.

- Y además todo esto es inútil, ya que el tribunal posee, en la mayoría de los casos, la información de manera previa dado que el ejercicio ha sido entregado al tribunal antes de la exposición, o la unidad didáctica, o la programación, en cuyo caso el objetivo del opositor no es verbalizar absolutamente todo lo que está escrito, que para eso está lo escrito, sino explicar el tema, la programación o la unidad didáctica, exponerla…

Cuál ha de ser el objetivo del opositor en este caso

Puesto que el material, la programación, la unidad didáctica, etc., ya ha sido entregado previamente al tribunal por escrito y en este caso sí recoge todo lo necesario de manera exhaustiva, la defensa ha de consistir en:

Hacer comprensible de manera sencilla cuáles han sido las líneas fundamentales de pensamiento, de enjuiciamiento y de acción que se han seguido en la elaboración del trabajo y por qué se han tomado esas decisiones, buscando la comprensión de manera natural y lógica de estos argumentos, demostrando que se conocen en profundidad la teoría y la aplicación de las mismas en el terreno de la práctica.

Por lo tanto se trata de:

Exponer los objetivos que se han planteado

La realidad con la que se contaba

Los medios de los que se disponía

Las teorías en las que se ha apoyado de forma razonada

Exponer de forma breve y a modo de ejemplo,
ilustrando lo que se va exponiendo

De manera que si el opositor realiza una exposición adecuada a los contenidos y al tiempo del que dispone, habrá conseguido:

Dar una idea de madurez personal y en los conocimientos

Que se entienda y siga lo que está exponiendo

Que se comprenda

Que se valore

Exponer todo lo que quiere sin que nada se le quede en el tintero

Dar la idea de que es él el que controla y no las circunstancias

No presentar ansiedad

Hacer agradable la exposición al tribunal y, en consecuencia,
éstos le van a prestar atención

Que se piense positivamente de él y, en consecuencia,
tener más posibilidades de aprobar

Y lo más importante, adaptarse a la realidad que es lo que manda

Adaptar la exposición del contenido al tiempo del que se dispone

Se trata de que el opositor reescriba un breve resumen, a modo de conferencia, de lo que va a exponer ante el tribunal, conteniendo todo lo que es esencial. Un ejemplo puede ser los puntos que a continuación se exponen.

Una vez escrito el resumen, como el texto de un actor, se expondrá a velocidad real y con movimientos reales, midiendo si entra dentro del tiempo que tenemos para realizar la exposición y si contiene todos los elementos esenciales que a nuestro juicio son imprescindibles.

Si nos faltara tiempo, tenemos que reducir de nuevo el texto, hasta que con una exposición real, es decir, relajada, **nos sobren dos minutos del tiempo que tenemos concedido**. Esta reducción se ha de hacer salvando lo esencial y a costa de sacrificar lo menos importante, de esta manera el tribunal percibirá nuestra madurez al ser capaces de distinguir los elementos esenciales de los que no lo son.

Estos dos minutos restantes nos los dejamos como tiempo de seguridad, de manera que el día de la exposición real ante el tribunal, ante cualquier imprevisto, nos sintamos más tranquilos sabiendo que disponemos de un pequeño colchón de dos minutos, lo que se va a traducir en tranquilidad y sensación de control.

De otra manera, si terminamos la exposición un minuto antes del tiempo concedido, puede ser interpretado como control y dominio de la situación.

Una vez conseguido y ajustado el texto definitivo de la exposición, nos lo aprenderemos de memoria hasta saberlo con una gran seguridad.

Una vez sabido de memoria, montaremos la teatralización del mismo, decidiendo qué esquemas realizar en la pizarra, en qué momento de la exposición y sobre qué punto del esquema, qué desplazamiento haremos en la fase de la exposición, en qué momentos nos acercaremos al tribunal, etc.

Una vez montado el movimiento, uso de la pizarra y sabido el texto, lo repetiremos un gran número de veces hasta ser capaces de poder ejecutarlo con seguridad y precisión.

Un posible guion de los pasos a seguir puede ser, de manera orientativa, el siguiente:

> Presentación del opositor.
>
> Presentación del tema. Cita de introducción.
>
> Su importancia dentro del temario.
>
> Su importancia para el desempeño de la función a la que se aspira.
>
> Exposición del esquema que se va a seguir con expresión de la conclusión a la que se quiere llegar.
>
> Inicio del primer punto.
>
> Vuelta al esquema para situar al tribunal.
>
> Exposición del segundo punto y vuelta sucesiva y periódica al esquema.
>
> Resumen de ideas esenciales.
>
> Conclusiones periódicas.
>
> Conclusión final.

Los siguientes aspectos sobre los que nos vamos a detener merecen importancia especial.

El uso del encerado o proyección

Se ha de usar con cuidado, siguiendo las pautas que a continuación se exponen:

> No hablar mientras se escribe.
>
> Que la letra sea legible.
>
> Que el tamaño sea el adecuado.
>
> No pretender escribirlo todo.

Se ha de decidir cuáles son las ideas esenciales, los nombres claves, las líneas vitales en la exposición, etc., y eso tan solo se ha de escribir en la pizarra, usarla de manera de exposición de ideas, con gráficos sencillos y en los cuales, la disposición y la plástica aporten una idea esencial para la comprensión de la exposición.

Ejemplo:

 La unidad didáctica que hemos desarrollado se organiza en torno a tres ejes fundamentales, que son las...

Sobre ellas se pondrá tan solo los nombres de las ideas esenciales, de manera que lo que nos interesa es que entiendan de manera gráfica la interrelación de los tres conceptos.

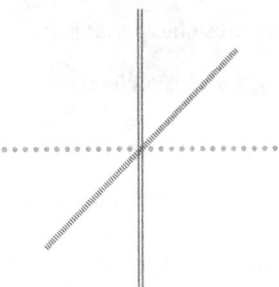

Los desplazamientos del opositor durante la exposición, su significado

Se procurará no estar moviéndose de manera continua, no bailando sobre los pies, ni cambiando de lugar, ni acercándose y alejándose de manera nerviosa y sin sentido.

Se procurará hacer lo menos posible y que todo lo que se haga tenga una intención comunicativa.

Por lo que a la hora de analizar los desplazamientos, vamos a distinguir diferentes zonas en la sala, para organizarlas y sacarles el mayor partido posible.

Zonas a distinguir en la sala de exámenes, su significado y uso

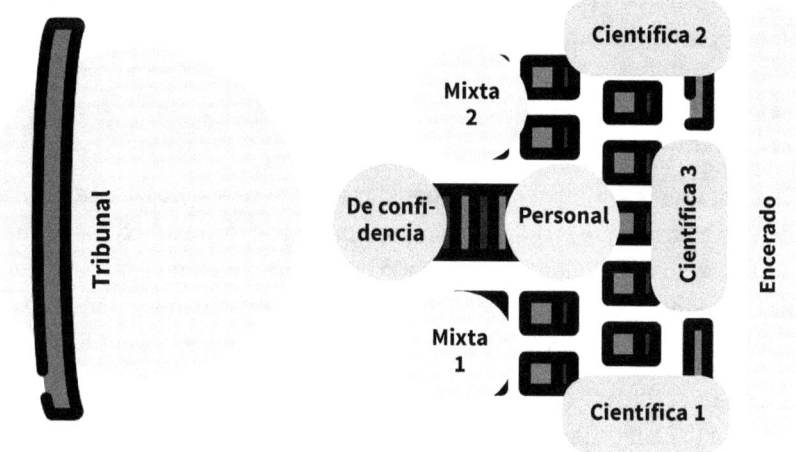

El esquema anterior puede representar un mapa de la sala de exposiciones en una perspectiva vertical de la misma.

Zona personal del tribunal – zona de respeto

En ella vemos a la izquierda un rectángulo que señala la mesa y la zona que ocupa el tribunal. Como se puede observar, en torno a ella fijamos un espacio de aproximadamente unos tres metros que lo vamos a llamar *espacio de respeto*, el cual no ha de invadir el opositor. Únicamente podrá entrar en él con fines justificados y cuando sea demandada su entrada por parte del tribunal, como es el caso de acercarles material o el documento nacional de identidad, etc., y en este caso nunca se acercará a menos de un metro y medio de la mesa del tribunal, inclinándose para acercar los elementos a la mano del miembro del tribunal que se lo demande o acercándose breve y puntualmente, volviendo a continuación al límite de la zona personal del tribunal o zona de respeto.

Encerado

A la derecha de la sala vemos un rectángulo que representa el encerado o demás elementos audiovisuales de los que dispone y va a servirse el opositor.

Zona científica

Ésta está representada en el esquema mediante cuadrados. La característica de esta zona es que en ella tiene más importancia lo científico, los elementos objetivos, lo que puede ser soportado en medios de comunicación, de ahí su proximidad a la pizarra y su alejamiento del tribunal. Cuando se sitúa en ella el opositor ha de ser para darle importancia a lo objetivo, a lo científico.

La zona científica se divide en tres partes que vamos a distinguir con diferentes valores: la calificada con el nº 1 es la de mayor importancia, ya que se sitúa a la derecha de la pizarra, siendo en consecuencia el último elemento que mira el tribunal. A continuación, en nivel de importancia tenemos la zona nº 2. La zona nº 3 tiene como característica que toda la información viene dada por el opositor, su gesticulación, sus palabras, etc. En ésta el opositor ha de ser consciente que no tiene otra ayuda y que lo que está diciendo ha de ser lo suficientemente claro, preciso e importante para asumir y captar toda la atención. En esta zona el opositor nunca hará referencias a elementos escritos en la pizarra y que se hallen detrás de él.

Zona personal

En ella el opositor expondrá elementos tales como:

El enfoque que le ha dado al trabajo
La selección de las verdades científicas que ha hecho
Los objetivos que persigue
Las conclusiones a las que llega
El orden que va seguir en la exposición

Es decir, es una zona donde lo científico se tamiza a través de las decisiones personales, mientras que en las anteriores zonas lo científico era expuesto sin interpretaciones.

Zona mixta

En ella se mezclan lo personal y lo científico, de manera que se expone el enfoque que se ha dado al trabajo con continua referencia a las verdades científicas que se han ido reflejando en el encerado o cualquier otro medio de proyección.

En ella se tratan temas tales como:

Las decisiones que ha tomado sobre la materia, etc.

Las relaciones que establecemos entre las distintas teorías, etc.

Zona de confidencia

Ésta será utilizada con moderación y un número reducido de veces.

En ella el opositor expondrá sus ideas personales, sus experiencias y las conclusiones, aquellos aspectos propios de la profesión que conoce por la experiencia y que significan una visión personal y comprometida del trabajo.

El opositor aprovechará el acercamiento que supone al tribunal para intentar empatizar con el mismo, con el presidente o con el líder.

Los desplazamientos del opositor por las zonas explicadas, su significado

Nos estamos refiriendo a la trayectoria, es decir, al dibujo espacial del desplazamiento. Vamos a distinguir fundamentalmente dos tipos de trayectorias: la recta y la curva.

El opositor utilizará fundamentalmente trayectoria recta como expresión de sinceridad, evitando las curvas por lo que supone de subterfugio.

No utilizará las quebradas ni las onduladas.

El ritmo del desplazamiento será medio, ni lento ni excesivamente rápido, dando la idea de decisión y energía, no pereza, ni tampoco ansiedad ni precipitación.

Como norma general se tenderá siempre al menor movimiento posible, al menor desplazamiento.

Conclusión

El opositor alternará todas las zonas de manera armónica y fluida, combinando los acercamientos con los desplazamientos en horizontal.

Los desplazamientos tendrán sentido comunicativo y nunca se realizarán de forma automática. Es decir, si me acerco ha de ser para expresar opinión, si no el expreso, el acercamiento no tiene sentido.

Se ha de evitar a toda costa el estar baloteando de un sitio a otro sin sentido, esto crea una situación de monotonía, de movimiento que agota al tribunal y lo desengancha de la exposición, al tiempo que el tribunal lo interpreta como inmadurez y falta de control de la situación.

Importante

Los desplazamientos tienen dos misiones fundamentales con las que ha de cumplir:

1. Hacer más comprensible la exposición del tema y empatizar con el tribunal, resaltando las comunicaciones y las opiniones que el opositor emite hacia el tribunal.

2. Crear una serie de ritmos, de variaciones en los estímulos que se emiten al tribunal de manera que se capte mejor la atención del mismo y se le mantenga enganchado a la exposición.

En un período de unos cinco minutos no se realizará más de un ciclo de desplazamientos.

Un posible ejemplo de esquema de desplazamientos sería el siguiente:

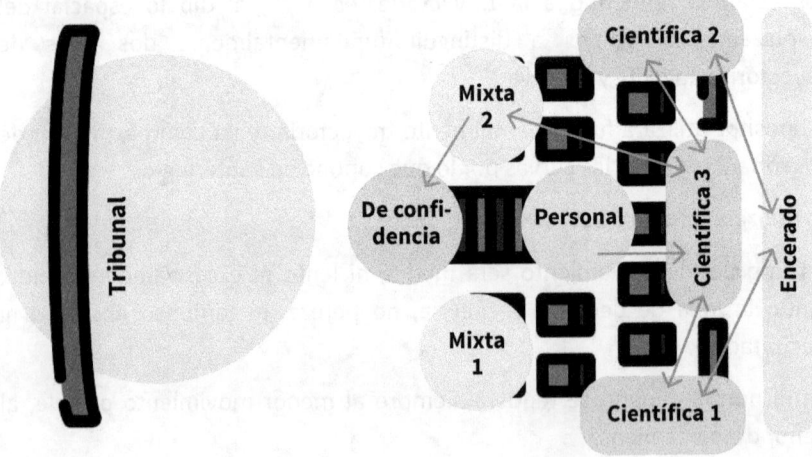

3.6. Estrategias del opositor para presentar la información de la manera más ventajosa posible

Varias son las estrategias que podemos adoptar a la hora de presentar la información al tribunal de manera que ésta resulte atractiva y adecuada pero sobre todo que el tribunal la perciba como madura y que es fruto de un profundo conocimiento de la materia y de una suficiente madurez personal.

Entre ellas tenemos:

- estrategias para **acercar** la información al **tribunal**

- el uso de las **actitudes vinculativas**

- el uso de los **valores adecuados**

- introducciones

- citas

- **ejemplos próximos al tribunal**

- exposición de esquema

- **referencias periódicas** al esquema

- resumen de **ideas esenciales**

- **conclusiones periódicas**

- conclusión final

Estrategias para acercar la información al tribunal. Empatizar

La misma importancia para el resultado positivo de la oposición tiene tanto el nivel de conocimientos, como el presentar estos conocimientos ante el tribunal de forma que el tribunal los perciba como conocimientos cercanos a ellos, como conocimientos propios, de forma que el tribunal tenga la sensación de que el opositor piensa de forma muy parecida a ellos.

Entre estos recursos vamos a señalar algunos de los más importantes.

La selección de los recursos la hemos hecho teniendo en cuenta:

Lo eficaz de los instrumentos
La facilidad de su uso
La universalidad de los mismos, prácticamente aplicables a un gran número de personas

Entre estos recursos vamos a desarrollar de forma detallada los que a continuación se citan:

El uso de las actitudes vinculativas
El uso de los valores adecuados
La aproximación verbal
Coincidencia con el pensamiento del tribunal
Referencias al contexto personal, social o laboral de los miembros del tribunal

A continuación vamos a desarrollar de forma detallada cada una de las técnicas expuestas con las que el opositor se tendrá que familiarizar, practicándolas de forma regular, con ejemplos concretos de la materia del examen, de forma que acumule un elevado acervo de recursos en este sentido que le permita la aplicación y uso de estos recursos en el momento del examen de forma fluida, espontánea y natural.

Las actitudes vinculativas

Toda comunicación, toda emisión o mensaje nace de un sujeto, de un individuo y está constituida de manera elemental por dos partes, una parte comunicativa y otra parte expresiva. La parte comunicativa es la parte externa, objetiva de la información, lo que constituiría la parte digital de la comunicación. Y la parte expresiva que es subjetiva constituye la parte analógica de la comunicación.

Nos vamos a centrar fundamentalmente en esta parte analógica de la comunicación.

La información es aprendida por un sujeto, que la entiende desde su yo y desde su mapa conceptual, desde sus referencias vitales, es decir, la ve desde sus ojos y desde él mismo. No vemos a través de los ojos de los otros.

Ésta constituye una primera diferencia a la hora de percibir la información y por lo tanto a la hora de su posterior exposición o presentación.

Todo sujeto percibe la realidad, la información desde sus ojos, desde su posicionamiento en el mundo. Este posicionamiento es una forma de entender la realidad, de darle sentido e interpretarla. Por esto le damos importancia distinta a las mismas cosas.

Todo sujeto cuando emite la información lo hace desde él mismo, desde su posicionamiento vital, ante la información, ante la vida, ante sí mismo y ante el otro, es decir, todo sujeto se comunica desde una actitud vital y comunicativa.

Esta actitud lo delata, lo desnuda íntimamente y le hace mostrar al otro sus intenciones y su posicionamiento vital más allá de la información conceptual que está exponiendo.

El tribunal no solo recibe la información, es decir, la comunicación objetiva y digital consciente, sino que percibe las intenciones, las actitudes, los posicionamientos vitales, etc., que son inconscientes y por lo tanto más sinceros y profundos, por lo que el tribunal le va a dar una importancia muy especial.

Se oye con frecuencia decir a miembros de tribunales refiriéndose a un opositor: "Es evidente que sabe, pero no termina de convencerme", "ciertamente tiene muchos conocimientos, pero yo no lo veo maduro, no lo veo desempeñando el trabajo", etc.

Sin duda alguna en estos casos, sin ellos saberlo, lo que están evaluando son las actitudes personales del opositor.

La actitud es:

- El posicionamiento del individuo ante la vida

- El posicionamiento ante la materia

- Lo que espera de la vida

- Cómo entiende el trabajo al que aspira

- Qué espera del trabajo

- Qué importancia social le da al mismo

- Qué está él dispuesto a darle al trabajo y a la vida

- Qué espera del tribunal

- Qué siente hacia el tribunal

- Qué piensa del tribunal

- Cómo piensa que va a ser la actitud del tribunal ante él

- Si piensa que puede manipular al tribunal, etc.

Importante

A todos estos elementos llamamos la actitud que subyace en el mensaje del opositor, mensaje que se transmite a través del lenguaje verbal y no verbal.

Evidentemente todos estos matices son de tan gran trascendencia que van a marcar de forma rotunda y radical la comunicación con el tribunal, la exposición y la valoración que el tribunal realice del opositor y, en consecuencia, el resultado final de la oposición.

Cada actitud conlleva la asunción de un rol para el emisor, en este caso el opositor y, en consecuencia, la asignación de un rol para el receptor, en este caso el tribunal.

El opositor que se presenta como una víctima coloca al tribunal en el rol de perseguidor que lo está machacando, para que le tengan lástima y posteriormente los coloca en el rol de salvadores para que se conmuevan y lo aprueben.

Evidentemente esto constituye una manipulación que en la mayoría de los casos resulta nefasta ya que produce sentimientos de culpa en el tribunal, por lo que éste tenderá como mecanismo de defensa a desconectarse lo antes posible de la escena, concentrándose en otros asuntos, lo que va a suponer no prestar la más mínima atención al opositor y su suspenso radical.

Proponemos una clasificación de las actitudes en tres niveles:

Actitud vinculativa	De superioridad
	De igualdad
	De inferioridad
Actitud neutra	
Actitud no vinculativa	De superioridad
	De igualdad
	De inferioridad

Actitud vinculativa

El emisor pretende establecer lazos, nexos, puntos de unión que le acerquen al receptor. Se establece de esta forma una relación que puede estar basada en distintos matices de simetría o asimetría según los roles que el emisor se asigna a sí mismo y al receptor.

Distinguimos en las actitudes vinculativas tres tipos según los roles: **a.** actitud vinculativa de igualdad; **b.** actitud vinculativa de inferioridad; **c.** actitud vinculativa de superioridad.

> **a. Actitud vinculativa de igualdad,** cuando lo que se plantea es una relación de unión, de aproximación, desde una posición simétrica. Los roles comunicativos son de igualdad (simpatía, afecto, confianza...).

> **b. Actitud vinculativa de inferioridad,** cuando para conseguir esa vinculación el emisor se coloca en una posición asimétrica respecto al receptor. El emisor se vincula desde la dependencia, colocando al receptor en un posicionamiento de superioridad (gratitud, emulación, imitación...).

> **c. Actitud vinculativa de superioridad,** cuando el emisor se sitúa en un rol de salvador, colocando al receptor en un rol de víctima a

la que quiere salvar para que lo necesite y de esta forma establecer los vínculos que los unen (compasión, protección, tolerancia...).

Actitud neutra

El emisor no establece ningún vínculo, ni tampoco pretende desvincularse. Es una relación fría, formal y distante. En ellas predomina lo intelectual y parece como que el emisor intenta alejarse de lo emocional y de lo personal (intelectual, generosa).

Actitudes no vinculativas

El emisor no pretende establecer ningún vínculo con el receptor, pero sí establecen una relación. Se trata de una relación desvinculante y aunque de forma consciente el emisor pretenda o no rechace la comunicación efectiva y vinculativa con el receptor, en la práctica ocurre que al mantener esta actitud se da un alejamiento por parte del receptor, la reducción de la frecuencia comunicativa y, en consecuencia, la pérdida de la calidad. El emisor se relaciona con el receptor, pero no establece ningún vínculo o por lo menos ningún vínculo sano.

Entre éstas vamos a tener otros tres niveles en función de la naturaleza simétrica o no de la relación, de los roles que el emisor se da a sí mismo y al receptor: **a.** actitud no vinculativa de igualdad; **b.** actitud no vinculativa de inferioridad; **c.** actitud no vinculativa de superioridad.

> **a. Actitud no vinculativa de igualdad.** El emisor se aleja, se desvincula e incluso se opone al receptor, pero siempre desde una posición de igualdad. Entre estas actitudes no vinculativas de igualdad vamos a tener las siguientes: odio, disgusto, aversión...

> **b. Actitud no vinculativa de inferioridad.** El emisor se desvincula, se aleja del receptor pero desde una posición de inferioridad, de víctima respecto al receptor, al que considera más valioso, respecto a él mismo. Entre estas vamos a tener: temor, envidia, timidez...

> **c. Actitud no vinculativa de superioridad.** El emisor se desvincula, se aleja del receptor, desde una posición de

superioridad, considerándolo inferior respecto a él. Entre estas actitudes tenemos: desaprobación, mofa, menosprecio...

Cuadro de actitudes clasificadas

Las más positivas

Actitud vinculativa. Positivas y benéficas

Superioridad	Inferioridad	Igualdad
Compasión	Gratitud	Simpatía
Protección	Emulación	Afecto
Tolerancia	Imitación	Confianza
Aprobación	Admiración	Ternura
Consejo	Sumisión	Amor
	Servicio	Amistad
	Respeto	Colaboración
		Cortesía
		Interés

Actitud neutra.

Intelectual	Generosa

Actitud no vinculativa. Negativas

Superioridad	Inferioridad	Igualdad
Desaprobación	Temor	Odio
Mofa	Envidia	Disgusto
Menosprecio	Timidez	Aversión
Intolerancia		Desconfianza
Arrogancia		Sospecha
Amenaza		Rencor
		Rivalidad

Las actitudes vinculativas son más eficaces que las no vinculativas, cuyo uso sería catastrófico para el opositor. Dentro de las actitudes vinculativas las de igualdad se consideran óptimas para crear una buena comunicación con el tribunal y conseguir la mejor empatía del mismo a la par que simpatía hacia el opositor.

La mayoría de los textos y la mayoría de los preparadores aconsejan al opositor situarse en actitudes neutras. Sin duda alguna de éstas son mucho mejores que las actitudes no vinculativas, pero inferiores a la vinculativas.

En un proceso de oposiciones, en el que son muchos los aspirantes para cada una de las plazas que se ofrecen y el nivel general de preparación de los opositores es alto, y la preparación y formación de los opositores es muy parecida entre ellos, ya que se han formado con textos, profesores y academias iguales, son precisamente la pequeña diferencia que pueden aportar el uso de actitudes vinculativas de igualdad lo que genere en el tribunal una corriente de empatía y de simpatía hacia el opositor que las utiliza inclinándose la balanza de la oposición hacia éste.

El resto de opositores que se muevan en actitudes neutras se percibirán fríos y distantes y mucho menos cercanos que los que sí utilizan las actitudes vinculativas de igualdad.

Cómo usar las actitudes vinculativas de igualdad

- No se trata de utilizar frases en las que aparezca la palabra que nombra el concepto de la actitud a la que los referimos, definiéndola, ponderándola, etc. Por ejemplo, en el caso de una oposición a profesor de Educación física y refiriéndonos a la actitud de colaboración: "Es preciso educar en la colaboración", "Se fomentará la colaboración entre los alumnos".

- No se trata de atribuirse la cualidad de la actitud. Por ejemplo: "En mi caso haré especial hincapié en la colaboración".

- No se trata de repetirlas una y otra vez.

 Se trata de crear frases en las que no aparezca el término, sino que subyaga, que se deduzca

Ejemplo:

 "A la hora de programar las actividades de expresión corporal es preciso ponernos en contacto con el profesor del área de música con el fin de que previamente éste haya trabajado los conceptos rítmicos con los alumnos y que nos oriente sobre los temas musicales a utilizar en los ejercicios, al mismo tiempo podremos desde nuestra área reforzar el aprendizaje corporal del ritmo".

El opositor se entrenará en la creación y uso de frases que contengan las actitudes vinculativas de igualdad. De forma que el uso de la misma le resulte natural y espontáneo tal y como hemos explicado.

Al mismo tiempo el opositor pondrá especial atención en detectar si le surgen de manera inconsciente o espontánea otro tipo de actitudes y en especial las no vinculativas, poniendo especial atención en erradicarlas de su expresión.

El uso de los valores adecuados

Otra forma de propiciar la empatía del tribunal hacia el opositor y a continuación la simpatía, distinguiéndonos del resto de opositores, consiste en:

Utilizar valores comunes al tribunal

Este no es un recurso nuevo, todo lo hemos utilizado con bastante buen éxito a lo largo de nuestra vida. Sin embargo en casos como una oposición, incomprensiblemente se abandona su uso y por tanto se renuncia a sus beneficios.

Cualquier chico que quiere la simpatía de una chica o al revés, en su proceso de acercamiento se va a interesar en descubrir cuáles son los gustos del otro, y una vez descubiertos, se va a presentar al otro como si también fueran gustos propios, de esta manera en la chica surge una especial simpatía e interés por el chico o viceversa... Pensemos cuando el chico dice que le gusta la misma música que le gusta a la chica o las películas, etc. Otras veces lo que hace es ocultar determinadas aficiones si sabe que no son compartidas por el otro.

Pensemos en las personas como islas, próximas, pero separadas por el mar que las rodea. Los valores vendrían a ser como puentes que unen estas islas,

las comunican, las aproximan entre sí.

El objetivo es ser capaz de mostrar que uno se mueve en la vida, que tiene los mismos valores que el tribunal.

Para este fin el procedimiento que vamos a seguir es el siguiente:

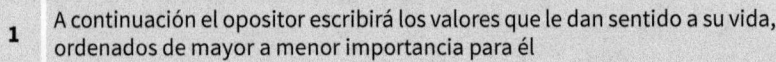

1	A continuación el opositor escribirá los valores que le dan sentido a su vida, ordenados de mayor a menor importancia para él
2	A continuación de los valores señalados como propios por el opositor se seleccionarán aquellos que se deduzca que pueden ser compartidos por el tribunal, y se eliminarán aquellos valores que se deduzca que no van a ser compartidos por el tribunal
3	Utilizando los valores que se deduzca que pueden ser compartidos por el tribunal, el opositor se entrenará en la construcción de frases, ejemplos, etc., en los que subyagan estos valores. Pero atención, no consiste en nombrar el valor, hacer referencia a su uso o a la enumeración a modo de valores sociales, etc., en estos casos lo estaríamos utilizando de manera incorrecta y no surtiría el efecto que estamos buscando

Más adelante expondremos la diferencia y el uso correcto que debemos hacer de los valores para que surtan el efecto deseado.

Para deducir qué valores pueden ser compartidos por un tribunal, al cual no conocemos, y que quizás en el momento actual, en el que estemos estudiando es posible que todavía no haya sido nombrado, es posible que todavía no se haya convocado la oposición y, en consecuencia, que no haya sido nombrado el tribunal. Pero esto no importa, hemos de realizar un acto de deducción.

Hemos de pensar en un perfil de personalidad, el más frecuente que nos podemos encontrar entre los posibles miembros del tribunal. Para esto iremos deduciendo aspectos del tribunal, a modo de aproximación, partiendo de la idea de que es imposible el conocimiento perfecto y que la aproximación que encontremos aunque no sea total, sí sea suficiente y eficaz para la aproximación en valores que pretendemos.

Los aspectos a deducir son los siguientes:

- Edad media de los miembros del tribunal.

- Frecuencia de géneros.

- Profesión.

- Características de la profesión como por ejemplo: estresante o relajada. Bien o mal pagada. Socialmente considerada o no. Está relacionada la profesión con algún arte y en su caso qué deducimos de esta situación (pensemos en los profesores de artísticas, de conservatorios, etc.). La profesión implica la práctica de alguna actividad deportiva (pensemos en profesores de Educación física, bomberos, policías, etc.)

- Rasgos biográficos conocidos del tribunal. Libros, artículos, etc.

- Consideración social de la profesión.

- Valores que la sociedad les atribuye al colectivo de profesionales que conforman la profesión.

- Problemática general que tienen las personas dedicadas a esta profesión.

- Problemática social que tienen las personas dedicadas a esta profesión.

4	El opositor se entrenará de forma continuada y regular en la construcción de frases en las que subyagan estos valores, de forma que las utilice de manera inconsciente y espontánea, haciéndolas suyas de forma natural

A continuación exponemos un ejemplo del método anterior, para oposiciones a cuerpo de profesores de Educación física de Secundaria:

Diferencia entre citar el valor o utilizar el valor

No es lo mismo, como decíamos, citar un valor, nombrarlo, como si se nombrara una lista de valores u objetivos, etc., a presentar una frase en la que el que expone se presenta como usuario de dicho valor. De manera que el miembro del tribunal descubre al escuchar la frase que el opositor posee un valor que él también utiliza y que comparten. De esta manera, el miembro del tribunal que va a percibir al opositor como mucho más próximo y tenderá a enjuiciarlo de manera mucho más generosa y afectiva.

Por ejemplo:

Si nos fijamos en un valor: la solidaridad, la responsabilidad, la repartición de funciones, la colaboración en el seno del grupo, etc., si el opositor dice:

"Es conveniente que desarrollemos en el niño valores tales como la colaboración con los miembros del grupo, un valor muy importante y así diseñamos actividades que favorezcan este valor, etc..."

Es muy diferente a si el opositor dice:

"... A la hora de diseñar las actividades de patio procuraremos dividir la funciones de los alumnos, de manera que cada semana sea un grupo el encargado de la recogida de los materiales, de manera que se eduquen en la repartición de funciones y en el trabajo en equipo....etc...".

4. La preparación psicológica del opositor

La actitud psicológica del opositor tiene una importancia muy grande y decisiva en el resultado final de la oposición.

Sin duda es imprescindible como primer punto que el opositor conozca el temario, lo sepa en su totalidad y esté en capacidad de poderlo exponer.

Esto es imprescindible, pero no suficiente. El opositor necesita de una disposición psicológica que le permita abordar la preparación con tranquilidad, con constancia, con mentalidad de éxito, realista, que pueda soportar el duro trabajo de preparar una oposición de manera seria y sin autoengañarse. Además, el opositor necesita trabajar con los niveles adecuados de ansiedad, controlar el miedo, dominar la situación, exponer de la mejor manera posible sus conocimientos, dar la mejor idea posible de él mismo como persona madura y que controla la situación.

 En definitiva, controlar la situación para que ésta no le controle y obtener el mejor resultado de él mismo.

Es por lo que le vamos a dar a este capítulo una importancia muy grande.

Este capítulo no tiene un carácter teórico, sino que el opositor ha de descubrir en él su forma de actuar, las causas de su comportamiento, las retribuciones inconscientes que tiene para seguir sintiendo un miedo excesivo o una gran ansiedad.

El opositor habrá de responder en primer lugar al siguiente cuestionario, para a continuación pasar a leer el capítulo.

Una vez leído, volverá de nuevo al cuestionario que ha respondido, de manera que con la información recibida pueda interpretar sus respuestas y tener una idea de qué es lo que le ocurre, cuál es su actitud psicológica, cuáles son sus miedos y necesidades.

De esta manera, sabiendo cuáles son sus puntos débiles podrá trabajárselos y realizar una preparación específica en la dirección que el opositor necesite.

4.1. Diagnóstico de errores que puede cometer el opositor

(Responde por escrito)

Qué ocurriría si suspendo...

_____
_____
_____
_____
_____

Qué sentiría yo de mí o por mí si suspendiera...

_____
_____
_____
_____
_____

Yo seguiría...

_____
_____
_____
_____
_____

Quién me amará más...

_____
_____
_____
_____

Quién me amará menos...

_____
_____
_____
_____

Qué pensaría yo de mí...

_____
_____
_____
_____
_____

Qué pensarían de mí los demás, mi padre, mi madre, mi marido, mi mujer, mi pareja...

_____
_____
_____
_____
_____

Qué gano yo suspendiendo...

_____
_____
_____
_____

Necesito aprobar para quererme yo...

_____
_____
_____
_____
_____

Yo soy mucho más que un examen o una oposición...

_____
_____
_____
_____
_____

Qué valores tengo yo en la vida...

_____
_____
_____
_____
_____

Qué es lo realmente importante en mi vida...

_____
_____
_____
_____
_____

Qué es lo que realmente sería una catástrofe perder...

_____

_____

_____

_____

_____

Conclusión:

Voy a hacer todo lo posible por aprobar, pero sé que puedo suspender y eso no será una catástrofe, por lo que si me suspenden, yo seguiré siendo feliz y mi proyecto profesional será el siguiente a partir de ese día.

Mi proyecto profesional si no apruebo es:

Importante

Aprobar me supondría una vida más cómoda, pero no más amor ni más felicidad, eso depende de mí, no de aprobar o no la oposición.

Mi valía personal no depende de aprobar o no la oposición.

Yo valgo por mí, no por mi obra.

4.2. Qué es el miedo

Se trata de sencillamente un sentimiento básico, imprescindible e inevitable. Es un sentimiento básico, puro, elemental, que tenemos en común con el resto de animales superiores que nos acompaña en esta vida. Es común con los caballos, los gatos, los perros, etc. Es común a cualquier raza humana con independencia del nivel científico, evolutivo o cultural en la que ésta se encuentre.

Sin embargo, no es común a todas las culturas la forma en que se trata el miedo y qué pensamientos y valoraciones se hacen del miedo en cada cultura y en cada grupo social, así como la manera en la que se responde al hecho del miedo. Y esto es lo que vamos a tratar en este capítulo, no tanto el miedo sino lo que yo pienso sobre el miedo, cómo yo he aprendido que me debo sentir cuando tengo miedo y cuál ha de ser mi respuesta y mi conducta ante el miedo.

Son cinco los sentimientos puros que poseemos los animales: el amor, la ira, la alegría, la tristeza y el miedo.

Éstos son absolutamente inevitables, ineludibles, no se pueden dejar de sentir, por lo que intentar no tenerlos sería algo así como intentar no respirar o no comer, sencillamente es tarea imposible.

Y no solamente son inevitables, sino que son necesarios. Sin duda los humanos y las especies animales superiores nos distinguimos de un mejillón, de una ameba o de un árbol entre otras cosas por estos sentimientos. Y son estos sentimientos los que han evolucionado con nosotros, son muestra de nuestra evolución y al mismo tiempo la causa y consecuencia de la misma.

Concretamente el miedo es necesario, gracias al miedo, tomamos precauciones, nos adelantamos al peligro, conservamos la vida y somos más eficaces. El miedo es lo que nos mantiene vivos.

Gracias al miedo desarrollamos un sofisticado sistema de defensa que ante una situación de amenaza nos hace capaces en muy poco tiempo, generando adrenalina que se difunde por nuestro cuerpo, poner todo nuestro sistema muscular en rápido funcionamiento. La adrenalina hace que aumente la capacidad respiratoria de nuestros pulmones, mejore nuestra visión, poniendo a nuestra disposición una gran cantidad de energía, aumenta el riego de nuestro cerebro, por lo que nos concentramos mejor, somos capaces de recordar rápidamente una gran cantidad de información, etc.

Por tanto el sentimiento es bueno, es inevitable, por lo que la primera conclusión a la que llegamos es que si es imposible evitarlo, no hemos de desear no tener miedo, ya que es tarea imposible, y deseando no tenerlo lo único que conseguimos es tomar más conciencia de que lo tenemos y deseamos no tenerlo. Deseando no tener miedo lo único que conseguimos es evidenciar cada vez más nuestra impotencia para vencer al miedo, lo que lo hace más fuerte y a nosotros más débiles ante él.

Demostramos así nuestro fracaso ante el miedo.

Nuestro error es exigirnos no sentir miedo.

Por lo que lo primero que tenemos que hacer es permitirnos sentir miedo, aceptarlo, de manera que al aceptarlo solo suframos por el miedo que sentimos y no por todos los sentimientos y deseos de no sentir miedo, así como de lo que pensamos de nosotros, como cobardes o niños si sentimos miedo. Permitiéndonos el miedo, todos los sentimientos negativos aprendidos y asociados a la idea de sentir miedo desaparecerán y dejaran de hacernos año.

Esto es muy importante ya que a veces el sufrimiento sentido lo es en gran medida más por lo que yo ciento respecto al miedo que por el miedo en sí, que sería un sentimiento tolerable.

Así que hemos de permitirnos el miedo, de manera que se sufra solo por el miedo y no por lo que yo pienso sobre el miedo.

En otro orden de cosas y llegados a este punto podemos afirmar que el problema no es sentir miedo, sino qué cantidad de miedo siento. Sentir un miedo excesivo e inmovilizante es una patología y constituye una grave enfermedad. Lo mismo que no sentir miedo también constituye una grave patología, un riesgo y la consecuente pérdida de las ventajas que supone tener un miedo proporcionado y adecuado.

Por lo que concluimos, diciendo que el miedo es un sentimiento básico, es necesario, hemos de aceptárnoslo para que se desvanezcan todos los sentimientos de rechazo que hemos construido en torno al miedo y acostumbrarnos a convivir con el miedo adecuado y proporcional, de manera que nos beneficiemos de sus aportaciones, como son la concentración, la energía, la velocidad de pensamiento, etc.

El miedo al miedo

De manera que muchas veces deseamos tanto no tener miedo, nos lo exigimos tanto, no admitiendo tener miedo, que hemos sobrevalorado, mitificado de forma catastrofista el hecho de tener miedo.

En esta situación lo que nos produce miedo no es el suceso objetivo en sí mismo sino el hecho de sentir miedo, es lo que se llama **sentir miedo al miedo**.

En este planteamiento el miedo ya no depende de lo que suceda fuera de nosotros, de los acontecimientos, de los hechos, de las personas, sino que el miedo está dentro de nosotros y no lo podemos evitar modificando los hechos externos, ya que el valor, la vigencia, la intensidad del miedo depende tan solo de nosotros ya que somos cada uno de nosotros los que lo estamos alimentando.

Qué es el valor

Es imprescindible desmitificar el hecho de sentir miedo y acostumbrarse a soportar sus consecuencias negativas como una consecuencia natural y lógica de la vida.

Desmitificar el miedo, permitirnos sentirlo, soportarlo con adultez, como una consecuencia del oficio de opositor.

Es necesario que un bombero tenga un miedo razonable y sepa cómo superarlo con entrenamiento, coraje y decisión. Y la suma de todos estos elementos: coraje, entrenamiento, decisión y soportar el miedo, es el valor.

Sin miedo no existe el valor, tan solo inconsciencia, ni existe el arte, ni la creación.

Qué me exijo ante el miedo

Ante el miedo, la mayoría de las veces tenemos comportamientos infantiles y en lugar de aceptárnoslo y superarlo de manera madura enfrentándonos a él y soportando sus incomodidades, obteniendo sus beneficios, por el contrario solemos adoptar comportamientos típicamente inmaduros e infantiles.

Primero: negarlo

Esto es, no quiero sentirlo, lo sobrevaloro, lo temo, me considero incapaz de soportarlo, creo que si lo siento soy un niño inmaduro, no un adulto, y dedico toda mi energía a intentar negar el miedo, pero en la misma medida que lo niego, soy más consciente de él, menos lo consigo, más grande lo hago y más insignificante me siento yo frente al miedo.

En esta situación el sujeto toma pastillas, tranquilizantes que lo adormecen, pero sigue sintiendo miedo, se rodea de estampas y amuletos, realiza rituales mágicos, simula no tener el miedo, no soporta a los otros opositores que lo expresan, adopta actitudes de arrogancia para intentar demostrar a los demás que no siente miedo. Y cada vez que siente miedo, intenta taparlo bajo la conducta de la agresividad, de la inconsciencia, de la amenaza, de la osadía, con lo cual vuelve a ser prisionero del miedo y sus consecuencias, la arrogancia y la osadía le vuelven a convertir en un sujeto vulnerable y débil, que se muestra agresivo e intolerante ante el tribunal, que vuelve a percibir al opositor como inmaduro y débil.

Segundo: sucumbir ante el miedo

El sujeto se siente tan incapaz de combatir el miedo, piensa que no puede enfrentarlo ni superarlo, y en consecuencia se deja sucumbir y se inunda por completo de miedo. Llora, tiembla, expresa su miedo, intenta llamar la atención sobre su miedo que no se esfuerza en disimular, y sencillamente se deja poseer por el miedo creyendo que es imposible luchar contra él, por lo que se abandona, su única esperanza es que el tribunal vea a un sujeto tan débil, tan asustadizo, tan penoso, que levante estima en el tribunal y de esta manera si éste se apiada de él, tener una posibilidad de aprobar.

Aceptar el fracaso es aceptar el éxito

El éxito y el fracaso son dos caras de la misma moneda, no es viable tener posibilidad de éxito real, si uno no se concede la posibilidad de un fracaso real.

La solución consiste en que las posibilidades de éxito sean superiores o muy superiores a las posibilidades de fracaso.

Negarse las posibilidades de fracaso a partir de una situación real y por lo tanto adoptar un comportamiento irreal, no adaptado a la situación y al entorno, va a conseguir que aumente el número de errores y, en consecuencia, disminuyan las posibilidades reales de éxito.

No estamos hablando de no tener una actitud combativa, sino de no tener una actitud suicida e inconsciente.

Lo importante es aceptar la posibilidad de fracaso y después hacer decididamente todo lo que esté en nuestra mano para conseguir el éxito, pero de forma no angustiosa.

Utilizando un ejemplo familiar para todos diríamos, que ante la frase de unos guerreros que van a combatir a una isla, y una vez han bajado de la nave propia que los ha trasportado, le prenden fuego a la misma, negándose la posibilidad de escape y obligándose como única alternativa a la victoria o su consecuencia que es la muerte.

Ésta sería una actitud inmadura y tan extrema que los luchadores perderían su inteligencia para el combate, y cometerían un gran número de errores que posiblemente propiciarían una mayor o más rápida derrota.

Lo inteligente y profesional sería no quemar las naves, de manera que se pudiera asestar el mayor número de los golpes al enemigo y en caso de ser necesario poder huir, para posteriormente asestar un nuevo golpe al enemigo.

Pero a veces no se confía en el propio valor para enfrentarse al miedo, por lo que es necesario traicionarse a sí mismo y para asegurarte tu valor quemar las naves que te van a permitir huir.

Hasta tal punto se teme al miedo que uno se suicida para conseguirlo.

4.3. La importancia del plan B

Tener un plan B es como no quemar las naves en el ejemplo anterior.

Este plan B nos va a dar la madurez, la tranquilidad, el control de la situación y nos va a permitir que luchemos dándole la importancia justa al combate, es decir, estamos luchando por un puesto de trabajo, que puede sernos más o menos deseable, que nos puede hacer la vida más o menos cómoda, pero no nos estamos jugando la vida. De esta manera el combate es más inteligente.

Pero este plan B ha de tener una serie de características, como son:

Que esté de acuerdo a nuestras posibilidades
Que esté de acuerdo a las posibilidades del mercado
Que sea posible llevarlo a cabo
Que sea viable económicamente
Que sea posible en el tiempo
Que sea posible en las relaciones y demás circunstancias

Realizar un plan imposible por alguna de las circunstancias sería lo mismo que no tener un plan B, sería lo mismo que quemar las naves.

Es preciso que el opositor realice por escrito un plan B, con todos los detalles, como si fuera un exhaustivo estudio de mercado, en el que figuren no solamente los posibles socios, las fuentes de financiación, los costes, etc. Si no es así, el plan B no surtirá el efecto que estamos buscando.

4.4. El obrero o la obra

Uno de los problemas más importante es que el obrero se confunda con la obra, es decir, que el opositor se confunda con la oposición, de manera que el opositor se crea valer lo que vale el resultado de la oposición de manera que si aprueba su valor como persona sea alto y si no aprueba, el opositor no tenga ningún valor como persona. Esto ocurre con frecuencia y es indicativo de una muy baja autoestima. El sujeto no se valora ni se aprecia por sí mismo, sino que siente que no vale, que no merece la pena y para comprar su amor por el mismo ha de hacer cosas importantes, es decir, a demostrarse que es valioso, que consigue objetivos y resultados externos a su valor intrínseco.

Esto es gravísimo, ya que si uno vale lo que consiga en la oposición, es como si en la oposición se estuviera jugando su autoestima, su felicidad, el amor a sí mismo, es decir, lo más importante de la vida de uno que es la autoestima, el estar bien consigo mismo, el quererse, etc., se lo está jugando en la oposición.

De manera que si pensamos así, uno va a la oposición a jugarse la vida y permite que el tribunal decida sobre su valor personal, sobre su autoestima. Y en esta situación cuando el tribunal decide opinar suspende o aprueba, el opositor cree que está opinando sobre él y no sobre su trabajo, está aprobando o suspendiendo al opositor cuando realmente lo que está aprobando o suspendiendo es su trabajo, sus conocimientos, etc.

El opositor se juega la vida en la oposición, por lo que es lógico que el acto del examen esté cargado de una tremenda ansiedad, miedo, angustia, ya que no se está jugando un trabajo, una mayor o menor comodidad, sino que el opositor se está jugando la propia vida, la autoestima, su amor propio, su aprecio, su valor, su consideración en la vida, etc. Por lo que en consecuencia el miedo se transforma en pánico y el deseo de hacerlo bien en necesidad angustiosa.

Por consiguiente, el porcentaje de fracaso se verá tremendamente incrementado, así como los errores, los nervios, las imprecisiones, la angustia, la ansiedad, la inmadurez y el sufrimiento, convirtiéndose el opositor en un ser patéticamente angustiado que exhibe su drama ante un tribunal al que culpabiliza de todo lo que le está haciendo sufrir.

Para qué he nacido yo en la vida

En esta situación el opositor deberá reflexionar sobre los valores que tiene como persona. Deberá reflexionar y llegar a la conclusión de que él es valioso simplemente por el hecho de ser él mismo, de haber nacido. Que no es más valioso dependiendo del dinero que tenga, ni dependido del coche que posea ni de su éxito en cualquier ámbito o de la vida. Él es valioso por sí mismo por el simple hecho de existir. De manera que el sujeto sienta y descubra que el objetivo de su vida es ser feliz, no conseguir aprobar una oposición.

 Cuando mi madre me parió, no entró la comadrona y le dijo: *"Ha tenido usted un actor"*, sino que le dijo: *"Ha tenido usted un niño"* y ese niño tiene cosas importantes que hacer en la vida, ser feliz, amar y ser amado, reproducirse, etc. y para conseguir esto, necesita de unos recursos, casa, ropa, trabajo, etc.

Pero lo realmente importante es ser feliz, seas actor o seas profesor, tengas un coche grande o uno pequeño.

Si no es así, nos pasará como a aquellos cantantes o artistas de éxito, que en el momento que pierden parte de su éxito sucumben a una tremenda depresión que les impide valorar y disfrutar de todas las demás cosas importantes que tienen en su vida. En consecuencia caen en vicios y dependencias que les permiten, erróneamente, soportar el diario miedo y ansiedad que les genera perder la situación de éxito, que según ellos es lo único que les hace ser valiosos, y le da a su vida valor y a ellos el afecto que no tienen por sí mismos.

Las raíces de esta baja autoestima, sin duda, están en la infancia, en los mensajes que hemos recibido de nuestros mayores, de nuestras figuras parentales que nos marcaron en esta etapa temprana de nuestra vida.

Quizás haya llegado el momento de que cada uno de nosotros reflexione sobre los mensajes que recibió en su infancia y que se creyó a pies juntillas. Hemos de pensar que aquellos mensajes los recibió un niño, indefenso, sin experiencia, sin capacidad crítica, sin un razonamiento formado, capaz de desmontar las afirmaciones, por lo que este niño se fue creyendo todo lo que le decían sobre él mismo.

Quizás haya llegado el momento de analizar aquellos mensajes que recibimos en nuestra infancia, quedarnos con los que a la luz de la inteligencia y experiencia presentes del sujeto sean justos y benéficos, y revisar, cambiar todos aquellos mensajes que a la luz de la inteligencia presente sean incorrectos, absurdos, necios, ilógicos y cambiarlos, de manera que yo ahora decida qué es lo que pienso de mí y que es lo que yo siento por mí, y lo decido yo ahora, con mi inteligencia presente.

Ha llegado la hora de que en mi vida mande yo y que no sigan mandando mis antepasados, mi abuela con su mentalidad, mi padre con sus experiencias, aquel tío mío con su enfermedad, aquella prima mayor que murió hace quince años y que todavía sigue gobernando mi vida, porque yo le sigo dando el timón de mi barco.

 Yo decido que en mi vida mando yo. Yo decido quererme, sentirme valioso, estar a gusto conmigo mismo sin necesidad de tener que demostrar que soy valioso.

4.5. Mis valores personales. Cómo me determinan hacia el éxito o hacia el fracaso

Es importante que el opositor en este punto reflexione sobre cuáles son los valores que le animan y dan sentido a su vida. Por esto, antes de continuar invitamos a que el opositor a continuación exponga por escrito cuáles son los cinco valores más importantes para él, ordenados desde el más importante al menos, para reflexionar más adelante sobre la idoneidad y conveniencia de dichos valores y su necesidad, en caso de que proceda a revisarlos y buscar otros más adecuados.

Mis valores son:

1. _____
_____

2. _____
_____

3. _____
_____

4. _____
_____

5. _____
_____

La importancia de los valores en la vida de un sujeto

A continuación vamos a ver que lo que da sentido a la vida son los valores del individuo, ellos son como las metas, tangibles o no, que el sujeto se programa en su vida. De la consecución o no de estas metas u objetivos el sujeto va a obtener la satisfacción de una vida con sentido o la frustración de verse alejado de estos objetivos y por lo tanto la ínfima valoración de una frustración vital.

Acercarse a la consecución de los valores el sujeto lo interpreta como realizar su vida, alejarse de la consecución de los valores, significa un fracaso vital, como si la propia existencia estuviera errada y carente de sentido.

Los valores son en términos náuticos los faros o los destinos, si no se consiguen o uno se aleja de ellos, el individuo siente estar perdido y estar dilapidando la vida propia.

Es a través de la consecución de estos valores como el sujeto consigue una valoración positiva de su vida, sin la consecución de los mismos la vida es un fracaso.

Los valores son al mismo tiempo un objetivo a conseguir y también una filosofía de la vida, encarna una forma de entender la vida, acorde con los valores que el sujeto posee, de esta manera aquel sujeto cuyo valor en la vida es la consecución del dinero, en consecuencia va a entender la vida en claves económicas, el valor de las personas va a depender del dinero que posean, la importancia de los trabajos que pueda desempeñar va a ser medida en función del dinero que pueda obtener con el mismo, etc.

Los valores implican o son una forma de entender la vida, de darle significado, de ordenarla, una forma de entender a las personas y sus relaciones, una forma de entender el mundo y al mismo tiempo un código para manejarse en el mismo.

Por lo que sin extendernos más y que consideramos suficiente para el tema que nos ocupa con lo expuesto hasta ahora, podemos afirmar que los valores del sujeto dependen de su forma de entender la vida y al tiempo la alimentan. Es decir, en el ejemplo anterior del sujeto cuyo valor en la vida es el dinero, piensa como hemos expuesto, y cada vez que hace un acto que confirma su valor, es decir, buscar el dinero, se confirma más en su forma de entender el mundo en torno al dinero.

Los valores incluso pueden hacer que el sujeto tenga sufrimientos, no disfrute de determinados momentos o relaciones, sufra estrés, ansiedad, viva envidias y contratiempos, pero nada de esto le importa al sujeto, lo que en el fondo es verdaderamente importante para él es la sensación de cumplir los objetivos de su vida, la consecución de sus objetivos, el comportarse de acuerdo con su representación e interpretación que el sujeto hace de la realidad.

Desde este punto de vista, el sujeto se cree incapaz de cambiar sus valores, a los que se siente abocado, ya que aunque le hagan sufrir en el fondo le dan sentido a su vida, y una vida con sentido es más necesaria que una vida sin complicaciones pero sin sentido para el sujeto.

Al final el sujeto va a vivir de acuerdo a su forma de entender la vida y, en consecuencia, de acuerdo con sus valores.

Cuando al sujeto le dices de cambiar sus valores, de interpretar la vida de otra forma, de que existen en la vida otros objetivos que no son el dinero y que le pueden hacer más feliz, el sujeto se siente amenazado, tiene miedo, un profundo miedo ya que no concibe que se puedan tener otros valores, que pueda tener otros valores y cree que si abandona los suyos se va a sentir en medio de la nada y el vacío, como un barco que se perdiera en la noche y cree que si apaga el faro que le guía no van a existir otros faros y se va a sentir perdido en la más absoluta oscuridad.

Y el sujeto le tiene miedo a la oscuridad.

Podemos pensar en este momento que en gran medida nuestra felicidad, nuestra forma de vivir la vida, de disfrutarla o sufrirla, de sufrir por el dinero, de ser presa de una envidia tremenda, en gran medida nuestra forma de vivir la vida va a depender de la forma que tengamos de entenderla y, en definitiva y en consecuencia, de los valores con los que nos conduzcamos en la vida, va a depender de los valores que tengamos, de los que va a depender nuestra conducta y la forma en que valoremos los sucesos que nos ocurran en la vida.

En el ejemplo anterior, un sujeto que tenga como valor decisivo en su vida la consecución del dinero, un sueldo medio lo va a sentir como una desgracia y sentirá su vida profundamente fracasada y a él mismo sin valía. Mientras que otro sujeto, en cuyos valores la consecución de dinero tenga un lugar más relativo, es decir, es necesario, lo desea pero no es lo que le da sentido a su vida, en este segundo caso el sujeto con un sueldo medio se sentirá realizado y encontrará su vida en este aspecto con sentido, no impidiéndole este valor sin embargo luchar por la consecución de dinero, pero de forma adecuada y no a cualquier precio, como hace la persona para la que el dinero es un valor esencial.

La felicidad de la persona va a depender de los valores que tenga y no solo la felicidad, sino que unos valores adecuados contribuirán a que el sujeto razone mejor, se mueva y decida con mayor madurez, con menos ansiedad y, en consecuencia, sea capaz de tomar decisiones mejores que le acerquen más fácilmente a la consecución de sus objetivos. Tendrá menos miedo a equivocarse, será más maduro y equilibrado.

Los valores determinan nuestra vida y la ansiedad con la que vivimos, la consecución de nuestros objetivos y, en consecuencia, la ansiedad con la que los perseguimos y de esta manera, nuestra capacidad para conseguirlos.

Podemos encontrar valores buenos o malos, valores que nos aporten felicidad y valores que nos aporten infortunio, valores que tienen muchas posibilidades de éxito y valores que por definición están condenados al fracaso.

Análisis de algunos valores frecuentes y sus consecuencias

A continuación vamos a ver determinados ejemplos de valores y sus consecuencias.

La juventud

Éste es un valor para muchas personas que persiguen la juventud como un objetivo deseable en la vida y, en consecuencia, huyen de manera despavorida del antivalor, en este caso, la vejez. Éste es un valor pésimo, ya que no depende de uno mismo y estar temporalmente condenado al fracaso se haga lo que se haga, el sujeto que se mueva con este valor vivirá de forma angustiosa un permanente fracaso y sin sentido de manera que haga lo que haga de manera irremisible te conduce al antivalor, es decir, a la vejez. El sujeto que posee este valor asocia a la juventud ideas tales como la felicidad, la belleza, el éxito, la salud, etc., mientras que en consecuencia asocia al antivalor los elementos contrarios, la enfermedad, la decrepitud, la fealdad. La juventud es el deseo, la alegría, el amor, la esperanza y, en consecuencia, el sujeto que posee este valor en la medida que va cumpliendo años se siente despreciable, ridículo, sin derecho a recibir afecto, etc. Y haga lo que haga, será patético, las operaciones, los estiramientos de piel, las ropas inadecuadas, etc.

Un valor para ser de calidad es necesario que no tenga fecha de caducidad en el tiempo.

Pensemos en aquellos cantantes y artistas de éxito como Presley, personas que habían conseguido el éxito, que lo tenían todo, que lo podían conseguir todo, pero se sucumbían en la más profunda de las depresiones cuando perdían el valor de la juventud, ya que no la podían comprar con todo su éxito y todo su poder económico.

El dinero

Ya hemos hablado detenidamente de él. Éste es un pésimo valor para la felicidad, ya que no depende de uno mismo, sino que se ha de ganar en el concurso con otra mucha gente, en determinadas circunstancias, de oportunidad, de inteligencia, etc. y el sujeto se exige a sí mismo el control de todas estas circunstancias, exigiéndose controlar todos los elementos y personas como si fuera un dios todopoderoso.

El amor de los demás

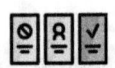

Pésimo valor, ya que no depende de nosotros, lo único que podemos controlar son nuestros actos, pero si pretendemos controlar los actos y las emociones de los demás en la mayoría de los casos estamos condenados al fracaso.

La salud

Valor pésimo ya que no depende de nosotros y es temporalmente caduco, a lo más que podemos aspirar es a tener unos hábitos saludables y obtener placer en la práctica de estos hábitos.

Ser feliz

Éste puede ser un valor siempre que la felicidad la hagamos depender de nosotros y no de los demás. Y entendamos por felicidad no un estado idílico y utópico sino la suma de actitudes ante la vida que nos permitan ser felices, teniendo claro que en este caso es imprescindible que el sujeto controle y mande en sus actitudes, si no es así, si no se dan todas estas características, la felicidad es un mal valor, si es utópica, si la hacemos depender de los otros o si no somos capaces de modificar nuestras actitudes.

El éxito social
Ser reconocido y admirado
Tener éxito en la sociedad
Que la gente nos quiera, etc.

Todos estos son malos valores que no dependen de uno, que son caducos, etc.

Valores de calidad. Qué características han de tener

En consecuencia, los valores buenos son aquellos que dependen de uno mismo, que no tienen fecha de caducidad, como por ejemplo, la generosidad, el afecto a los demás, la honestidad, la curiosidad, etc.

Si tú, opositor, has colocado como uno de tus valores el éxito, el ser un buen profesional, el ser reconocido en tu profesión, el alcanzar en tu profesión un determinado nivel, te estás haciendo una gran trampa, te estás creando una gran ansiedad, ya que vas a vivir la consecución de los objetivos con gran ansiedad, con necesidad, con miedo, ya que en el examen de la oposición no estás jugando tan solo un examen sino que te estás jugando el sentido y el valor de tu vida, con lo que te vas a conducir con tremenda ansiedad, miedo a perder y por lo tanto vas a sufrir incontroladamente y vas a cometer un mayor número de errores que te van a hacer suspender, muy superiores a los que cometerías si tuvieras unos valores más adecuados y convenientes.

Es por lo a que a continuación revisa los valores que has escrito anteriormente y si lo consideras conveniente a la luz de lo que acabas de leer, te reformules nuevos valores que te sean más útiles en tu vida y te sirvan de manera más estratégica para conseguir tus objetivos. Una vez escritos, reléelos con frecuencia y aplícalos en tu vida.

Mis nuevos valores son:

1. _____
_____

2. _____
_____

3. _____
_____

4. _____
_____

5. _____
_____

4.6. Qué razones puedo tener yo para suspender o qué gano suspendiendo

Increíblemente existen casos en los que suspender puede aportar ventajas al opositor. Por supuesto no la ventaja de aprobar, pero pueden existir para algunos sujetos otras ventajas que pueden ser más importante que el hecho de aprobar, como veremos en algunos ejemplos a continuación, y si no superan al hecho de aprobar, sí pueden constituir una suficiente recompensa para el opositor que suspende.

Vamos a exponer alguna de estas razones:

El miedo a la independencia y otros miedos

Muchas veces aprobar significa enfrentarse a la vida, tomar decisiones, abandonar el hogar paterno, el hecho de no aprobar tiene la pequeña ventaja de permitir al opositor que continúe con su vida cómoda en el seno de la familia paterna. Si tú, opositor, desgraciadamente te ves reflejado en alguna de ellas, disfruta la oportunidad y la posibilidad de ser consciente de ello y, en consecuencia, si lo ves conveniente, en cambiar este pensamiento.

De la misma índole que las anteriores podemos citar:

El miedo a crecer
El miedo a tomar decisiones
El miedo a la vida
El miedo a perder el refugio seguro que supone el seno paterno
El miedo a dejar de ser niño o niña
El saber que siendo débil se asegura a seguir recibiendo la protección paterna

Todas éstas son fácilmente comprensibles en la misma línea de explicación de la primera, por lo que no es necesario abundar en su explicación.

Pero sin duda existen otras más complejas o enrevesadas.

Un día, a lo largo de mis muchos años de experiencia en la preparación de opositores, me encontré con un opositor, cuya materia ni circunstancias vienen al caso, tan solo saber que era un varón, de unos 35 años y que dominaba a la perfección el temario de la oposición a la que aspiraba. Año tras año suspendía, en la mayoría de los casos o se retiraba a medio del proceso en el transcurso de un examen o argumentaba estar enfermo o deprimido o sin fuerzas para realizar la oposición.

En la charla inicial que mantuve con él, antes de iniciar la fase de preparación a fin de conocer sus motivaciones y saber su problemática y, en consecuencia, poder trabajar con él de la manera más eficaz posible, le pregunté por qué abandonaba los exámenes, por qué se deprimía y sucumbía ante ellos.

A lo que el sujeto me relató que hacía unos 12 años, él era una persona feliz, tenía una novia con la que se pensaba casar, tenían incluso el piso arreglado ante la inminente boda, él era una persona dinámica y feliz, se consideraba capaz de conseguirlo todo, cuando de repente la novia, de un día para otro dijo que se había enamorado de otro hombre y lo abandonó, casándose con el nuevo novio con el que era feliz y ahora tenía varios hijos.

El opositor en cuestión me comentó que a partir de ese día se sucumbió en una profunda desesperación y depresión, diciéndome que ella era la responsable de su fracaso vital, de su amargura y de todo cuanto le acontecía. De manera que me confesaba a mi pregunta de que había sido ella, que estaba casada y que tenía dos hijos, y de que él a menudo paseaba por el parque por el que ella iba a pasear a sus hijos, de manera que lo viera y comprobara lo que había hecho con él, como lo había convertido en un detritus y así ella sufriría, se sentiría culpable, y ésta era su venganza.

Es posible en realidad que la mujer ni siquiera reparara en la existencia ni presencia del sujeto, pero éste había dedicado su vida a una inútil venganza, para la cual necesitaba seguir fracasando en la vida, seguir suspendiendo, ya que si un día aprobaba dejaría, según él, de hacerle daño a su exnovia.

Le intenté hacer consciente el absurdo de su conducta y de que él mismo propiciaba su propio fracaso, sus propios suspensos para seguir infantilmente vengándose de su novia, pero me lo negaba, diciéndome que lo que él quería era aprobar, pero que por culpa de ella le resultaba imposible.

Sin duda alguna a este sujeto le venía muy bien suspender, ya que el sentimiento de venganza era más poderoso que el de aprobar y ser feliz, el de ser el dueño de su vida.

Le argumenté que él no era el dueño de su vida y que ésta, su vida, la seguía controlando su exnovia, esto le enfureció aunque lentamente lo fue asumiendo, le explique la necesidad de perdonar a su novia, renunciando a la venganza ya que ésta tan solo le hacía daño a él. Le hice escribir una extensa carta dirigida a su exnovia, en la que le contaba lo que había sufrido, le explicaba que la perdonaba, los años que había dedicado a esta inútil venganza y le decía que cortaba el cordón umbilical con ella, de manera que a partir de este instante él sería el dueño de su vida, perdonándola y renunciando a la venganza.

Una vez escrita la carta, leída, asumida y llorada lo dejé en libertad de guardarla, romperla o entregarla a la exnovia, que es lo que al final hizo.

Una vez hecho esto, la reacción fue mágica, desapareciendo el victimismo, la venganza y la depresión. No volvió a ir al parque, se puso a trabajar eficazmente en las técnicas de comunicación que se exponen en este libro y aprobando sin dificultad la oposición a la que aspiraba en la siguiente convocatoria.

Por lo que si este suceso te hace reflexionar y de alguna manera sientes que puedes tener una retribución para el suspenso, te aconsejo que intentes encontrar la razón. Pregúntate para qué te sirve suspender, qué ganas con este suspenso. Si consigues descubrirlo, habrás encontrado la solución al problema.

 Si encuentras el por qué, siempre encontraras el cómo. Si no sabes el por qué o el para qué, lo único que encuentras son excusas.

Perfil ideal buscado por el tribunal

El primer paso es determinar hacia qué modelo nos dirigimos, qué imagen hemos de dar ante el tribunal para que nos reconozcan como el opositor ideal que buscan y, en consecuencia, decidir que hemos de ser nosotros los que hemos de aprobar y nos aprueben.

Evidentemente no podemos hablar con ellos, pero tampoco lo necesitamos, tan solo es necesario que hagamos una acto de reflexión dirigida y vayamos tomando nota de las conclusiones a las que llegamos y veremos como de una forma fácil concluimos las cualidades, destrezas y pensamientos que ha de poseer el opositor ideal en cada caso.

Este perfil ideal que deduzcamos ha de ser el modelo permanente a alcanzar, el objetivo que guie todas nuestras decisiones y entrenamientos. Todo nuestro trabajo consiste en acercarnos a ese perfil de sujeto, pareceremos a él, que el tribunal cuando nos encuentre tenga la sensación y la decisión de haber encontrado al sujeto ideal, a la persona perfecta para desempeñas al función. Esto es, descubrir las necesidades del tribunal y presentarnos como respuesta que satisface sus necesidades, su búsqueda.

Así que vamos a tomar papel y lápiz para responder a las siguientes cuestiones que conformaran nuestro objetivo a conseguir, en todos los aspectos de formación, información y lenguaje.

Nombre de la oposición	_____
Oficio de los posibles miembros del tribunal	_____
Formación de los posibles miembros del tribunal	_____ _____
Tareas que realizan	_____ _____
Edad media de madurez profesional	_____
Conocimientos que le son necesarios	_____ _____

Actitudes de las que han de estar provistos	————————————————————
Dimensiones humanas que le son más necesarias: tranquilidad, energía, mando, comprensión, reflexión, ...	————————————————————
Qué piensa la sociedad de esos profesionales	————————————————————
Cuáles son las mayores dificultades que se en-cuentran en el desempe-ño de sus funciones	————————————————————
Cómo suele ser su pen-samiento respecto a la vida	————————————————————
Qué tipo de vestuario utilizan	————————————————————
Cómo ha der ser su vestuario	————————————————————
Su pelo	————————————————————
Qué aficiones pueden tener	————————————————————
Otros	————————————————————

A modo de ejemplo vamos a suponer el caso de un opositor a la Policía que vamos a elaborar de forma somera.

Nombre de la oposición	Funcionario de la Policía Nacional
Oficio de los posibles miembros del tribunal	Inspectores y comisarios de la Policía Nacional
Formación de los posibles miembros del tribunal	Academia de la Policía, Estudios de Derecho, Estudios de Criminología, etc.
Tareas que realizan	Leyes, Armas, Psicología del delito, Procedimientos administrativos, Conocimiento, Uso adecuado
Edad media de madurez profesional	————————————————
Conocimientos que le son necesarios	Leyes, Procedimientos administrativos, Control de masas, Nuevas tecnologías, Idiomas, Manejo de vehículos, Manejo de armas y recursos, Defensa personal, Técnicas de negociación, ...
Actitudes de las que han de estar provistos	Tranquilidad, Equilibrio, Mantener la calma, Observación, Memoria visual, Capacidad de aprendizaje, Sentido de la proporcionalidad, Adecuación de los lenguajes
Dimensiones humanas que le son más necesarias: tranquilidad, energía, mando, comprensión, reflexión, ...	Transmitir madurez, Asertividad, Transmitir confianza, Persona justa, Preparación racional, Equilibrio, Valor, Control de los impulsos, Conocimiento, Comprensión, Profesionalidad, Serenidad, Sensatez, Cumplimiento normas

Qué piensa la sociedad de esos profesionales	Necesarios, Han de proteger a la sociedad, Han de ayudar al ciudadano, Los pagamos entre todos
Cuáles son las mayores dificultades que se encuentran en el desempeño de sus funciones	La falta de medios, Mal pagados, Excesivas horas, Falta de reconocimiento social, Órdenes que a veces pueden divergir del objetivo
Cómo suele ser su pensamiento respecto a la vida	Conservadores, La mayoría son gente humilde, Sociables, Valoran la familia, el orden y el trabajo en equipo, Quisieran ganar más, pero el dinero no es su objetivo vital, buscan una sociedad mejor, les gusta su trabajo
Qué tipo de vestuario utilizan	En su vida son discretos, Tienen coches utilitarios.
Cómo ha der ser su vestuario	Discreto, Limpio, Presentable, Cómodo
Su pelo	_____
Qué aficiones pueden tener	_____ _____
Otros	_____ _____ _____

* Consultas personales al autor

La apariencia de la persona opositora es de una importancia enorme y le puede generar gran tensión y ansiedad. Su control adecuado y preciso aporta al opositor una imagen de sí mismo más adecuada, elaborada y precisa que permite conectar con el tribunal al tiempo que la atención del opositor queda libre y se puede dedicar a aquellos aspectos en los que se está trabajando como es la exposición oral.

En el capítulo tres, dedicado a ello, hemos dado suficientes argumentos para que cada opositor intente tomar las decisiones precisas sobre su vestuario en orden a acercar su realidad corporal y de edad al perfil del opositor ideal que busca el tribunal.

No obstante, el opositor que quiera, puede contar con la ayuda y consejo personal e individualizado del autor de este libro, contactando con él en el apartado de consultas de la web ***www.aprobaroposiciones.com***

Notas

Diego Montesinos Ayala

Agradeci-mientos

Imágenes:

- Portada: "Chair in red" de Thomas Leth-Olsen via VisualHunt.com
- Contraportada: Unsplash via VisualHunt.com
- Capítulo 1: Curtis MacNewton via Visualhunt.com
- Capítulo 2: Thomas Galvez via Flickr.com
- Capítulo 3: via Visualhunt.com
- Capítulo 4: Justin Ornellas via Visualhunt.com

Iconos (Flaticon.com)

3d-glasses, agreement (2), alcohol, analytics, backpack, balance, brackets-grouping-symbol, briefcase, calendar, care, checking, children, cinema, clipboard, clock, cmyk, cpu, cycling, distance, down-arrow, dream, dress, evaluation, exclamation-in-a-circle-sketch, eye, folder, foot, growth, hand-bag, handshake, highlighter, id-card, interior-design, kayak, labyrinth, leadership, left-quote-sketch, makeup, medal, meeting (2), mother, newspaper, notes, organization, orientation, pencil-case, phone-call, planning, presentation, radar, report, rewind, scheme, share, shirt, skirt, spotlight, stick-man, strategy, studying, tactics, talk, titles, turn-right-arrow, two-arrows, valentines, volume-adjustment, wallet, warning, woman, woman-hair y workflow.

Tipografías

- Homemade Apple
- Source Sans Pro